公募基金史话

腾讯理财通　编著

中国金融出版社

责任编辑：马海敏
责任校对：李俊英
责任印制：张也男

图书在版编目（CIP）数据

公募基金史话/腾讯理财通编著.—北京：中国金融出版社，2021.1
ISBN 978-7-5220-0978-0

Ⅰ.①公… Ⅱ.①腾… Ⅲ.①投资基金—金融史—中国—现代 Ⅳ.①F832.97

中国版本图书馆CIP数据核字（2021）第008278号

公募基金史话
GONGMU JIJIN SHIHUA

出版
发行 中国金融出版社

社址 北京市丰台区益泽路2号
市场开发部 （010）66024766，63805472，63439533（传真）
网 上 书 店 http：//www.chinafph.com
（010）66024766，63372837（传真）
读者服务部 （010）66070833，62568380
邮编 100071
经销 新华书店
印刷 保利达印务有限公司
尺寸 169毫米×239毫米
印张 11.25
字数 158千
版次 2021年1月第1版
印次 2021年1月第1次印刷
定价 78.00元
ISBN 978 -7-5220-0978-0

序

财富管理市场在国民经济中的重要性不言而喻——它不但关系到社会财富的分配，也影响着稀缺资源的配置。一个普惠、有效的财富管理市场，可以让更多居民分享经济增长的果实，实现社会财富的合理分配，提升社会总体福利；同时，财富管理机构的专业投资行为，将金融资源源源不断地导向产出效率更高的实体部门，提升整个经济资源的配置效率。

公募基金是财富管理市场的核心。相较于其他投资理财产品，公募基金具有公开、透明、成本低廉的特点，投资者保护体系也最为完善，可以满足广泛人群的投资理财需求。自1998年在我国诞生以来，公募基金已帮助数以亿计的人实现了财富的保值增值。与此同时，公募基金的种类不断丰富，规模持续扩大。据中国证券投资基金业协会的统计，截至2020年11月底，我国公募基金的数量达7 783只，净资产合计18.75万亿元，基金管理机构的数量达146家。

近几年方兴未艾的金融科技，让更多的人在互联网上接触、了解并受益于公募基金。渠道的变革催生了服务的变革——借助科技的力量，财富管理行业运营成本不断降低，了解客户的能力不断提升，财富管理服务正在快速向智能化、差异化的方向迈进。

当下，居民资产配置习惯正在发生变化，社保资金、保险资金等长期资本入市节奏加快，注册制等资本市场的改革与创新不断深化，全面的税延养老政策也有望推出，公募基金行业面临重大的历史机遇。

一是居民财富配置重点从房地产转向金融资产。过去20年里，房地产一直是我国居民财富配置的主要方向，房价不但跑赢了物价指数，也跑赢了名义GDP。中国人民银行2019年的一项调查显示，住房资产占中国城镇居民家庭总资产的比重高达59.1%，而金融资产占比仅为20.4%。未来，随着国家坚持“房住不炒”的政策定位，中国人口增长放缓，城镇化基本完成，房地产的投资属性将越来越弱，通过投资房地产跑赢GDP的时代已经落幕，大部分居民财富必须通过财富管理市场，特别是公募基金市场，借助机构的专业能力投资于资本市场，才能实现保值增值。

二是长期资本入市促进市场理性繁荣。监管部门正在推动社保资金、保险资金等长期资金入市。社保基金方面，全国社保基金投资权益类资产30%的比例上限有望进一步提高；地方社保资金方面，截至2020年末，全国已有22省（自治区、直辖市）与社保基金会签署基本养老保险基金委托投资合同，签约规模超万亿元；保险资金方面，2020年，银保监会进一步放宽了保险公司投资权益类资产的比例，与偿付能力充足率挂钩，最高一档可达到上季末总资产的45%。我国权益市场“牛短熊长”的特征，客观上是造成财富管理行业用户体验不佳的原因之一，长期业绩导向的机构资金的不断入市，将提升资本市场的价格发现功能，挤出过度的投机性行为，最终形成有利于财富管理行业健康发展的长牛、慢牛行情。

三是资本市场改革孕育优质投资标的。资本市场供给侧改革全面加速，2019年，上交所设立科创板并试点注册制，2020年，深交所创业板改革并试点注册制。数据显示，截至2020年8月末，沪深共上市228家企业，已超2019年全年两市IPO总数，其中113家为试点注册制企业，其中不但有已经在香港市场上市的优秀企业，还包括暂时没有营收的生物医药企业。常态化退市、投资者保护等各项制度建设也在有序推进，整个市场正在发生深刻的结构性变化。与此同时，越来越多优秀的中国企业借助沪深港通等互联互通基础设施陆续回归，我国财富管理机构可投资标的范围将持续扩大。水多鱼大，与国际接轨的资本市场必将孕育出一大批在国际上有竞争力的优秀企业，为财富管理机构提供大量的优质投资标的。

四是统一监管标准催生行业良性竞争格局。2018年4月，中国人民银行、银保监会、证监会、外汇局联合印发了《关于规范金融机构资产管理业务的指导意见》，统一了同类资管产品的监管标准，明确资产管理业务不得承诺保本保收益，彻底打破刚性兑付。资管新规是财富管理行业发展的分水岭。以前，居民财富大量配置于刚兑性质的银行理财产品和信托产品，机构以财富管理之名行间接融资之实，资本市场优化资源配置的作用得不到充分发挥。资管新规实施以后，扭曲的风险收益曲线得以修复，资本和投资标的更能良性匹配，各类财富管理机构将站在公平的起跑线上，展开专业能力、服务能力的比拼。运作公开、透明，以净值型产品为主的公募基金行业，将是资管新规的最大的受益者。

在历史机遇面前，公募基金行业不辱使命。2020年，突如其来的新冠肺炎疫情席卷全球，但中国经济在短暂休克后迅速恢复，资本市场改革如期推进，权益市场慢牛格局初现，公募基金行业展现了强大的发展韧性，实现了规模的又一次飞跃。更重要的是，公募基金在2020年优秀的业绩表现让公募基金管理人的专业投资能力得到了广泛的认可，市场定价话语权进一步增强。

但我们要清醒地认识到，在基金销售环节，激励不相容、投资者适当性原则落实不够等痛点依然存在，长期投资、资产配置等科学投资理念尚未深入人心，历史上“基金赚钱而基民不赚钱”的现象可能重演。基金管理人与基金销售机构仍需通力合作，消除销售环节的顽疾，持续提升基金投资者的投资体验。腾讯理财通作为基金销售平台，我们一直遵循下面四条原则。

一是以用户价值为第一出发点，与用户利益充分绑定。“基金赚钱而基民不赚钱”的现象，原因之一就是销售机构以佣金为导向，诱导用户进行非必要的交易，赎旧买新，追涨杀跌。要打破这个怪圈，一方面需要我们以用户价值为思考原点，抵挡住短期诱惑，基于专业判断而不是自身利益作出投资建议；另一方面要利用好政策红利，积极开展“买方代理”模式的基金投顾业务，将销售机构利益与用户利益充分绑定。

二是洞察用户需求，按需匹配合适的投资产品。财富管理服务应该是富有弹性和个性化的，可以根据每个用户不同的理财需求，为其匹配合适的产品。因此，对用户理财需求的洞察至关重要。一个合格的财富管理机构，应当有能力通过大数据及与用户的互动交流对其进行画像，并向其主动推荐合适的产品。我们力争做到比“用户更了解用户”，甚至能够精准刻画用户每一笔投资的需求。

三是坚守专业定位，为用户严选产品。我们发现，用户交易基金时，主要参考的是基金的短期业绩和排名，但研究表明，上一年排前20%分位的基金，下一年业绩会平均分布在20%、40%、60%、80%分位，基金的短期历史业绩和未来业绩相关程度很低。而且，用户过度关注短期业绩排名的行为，会导致管理人寻求更高的风险暴露以博取更高的短期收益，反过来可能伤害到用户的利益。一个负责任的财富管理机构，应始终坚守专业定位，用专业的方法和态度来研究管理人的投资理念、风格、能力、一致性，严选出能稳定为用户创造长期价值的管理人。

四是帮助用户成长，持续将投教作为工作重点。财富管理服务为用户创造的价值，很大程度上取决于用户自身的认知、投资理念和习惯。如果用户没有树立起长期投资、价值投资的理念，即便投资了优秀的产品，也不一定能够获得理想的理财结果。说到底，理财是用户、销售机构、资管机构共同进行的一项事业，只有不断地帮助用户成长，财富管理行业才能创造出最大的社会价值。投教也是一个与用户建立信任关系的过程。通过持续的知识普及和理念宣导，我们一方面希望帮助用户树立科学投资理念，另一方面也希望用户可以理解专业机构的价值，把自己不擅长的事情交给利益跟自己一致的专业人员。

腾讯理财通自2014年1月在微信钱包上线，迄今已有7年，而中国基金行业有着20多年的发展史。作为一本介绍中国基金行业发展历史的小册子，本书按时间顺序娓娓道来，重点突出而又不缺乏细节，加上作者的细腻文笔，读起来令人兴致盎然。在此将它推荐给广大读者，希望大家都有同样的阅读感受。

目　录

第一篇　基金诞生前后　1

第二篇　第一批公募基金　15

第三篇　初期的基金投资　29

第四篇　第一次大牛市　45

第五篇　第二次大牛市　65

第六篇　基金法与监管变革　83

第七篇　销售渠道：变与不变　101

第八篇　基金评价　119

第九篇　分级基金浮沉　133

第十篇　货币基金风云　153

第一篇
基金诞生前后

【编者按】

基金是一个外延广泛的概念——为某个特定目的筹集并有专人管理的一笔资金都可称为基金。我们买机票时需另外支付几十元，都进入了国家设立的民航发展基金，用来支持民航事业的发展；一些单位成立员工互助基金会，平时每人出一点儿钱，困难时可以向基金会申请救助；李亚鹏、王菲发起设立的嫣然天使基金，则是一个典型的慈善基金。

基金里还有一个巨无霸——全国社会保障基金，目前有2万多亿元的规模，承担着为全国人民养老“兜底”的重任。

我们日常接触到的投资理财产品基本上都是基金——如归口证监会监管的，类似华夏基金、易方达基金这种公募基金管理公司发行的公募基金，高毅资产、景林资产等私募管理机构发行的私募基金，还包括一些证券公司发行的集合理财产品。而归口银保监会监管的产品，如银行发行的理财产品、信托公司发行的信托产品，甚至一些以理财功能为主的保险产品——名字里虽无“基金”二字，但本质上也都是以资产保值、增值为目的的基金。

但是，中国老百姓最熟悉的还是公募基金。我们在说到基金的时候，一般也特指这个类型的产品。本篇讲述的就是中国公募基金行业从无到有、从弱小到壮大的历史。

所谓公募，指的是基金可以向大众公开发售，区别于只能向风险承受能力较高的高净值人群发售的私募基金。银保监会监管的产品中，银行理财同样具有公募属性，而信托产品则是私募的性质。

正因为可以公开发售，从保护中小投资者的角度出发，公募基金的投资和运作必须受到严格的监管。本篇告诉我们，中国基金行业早期也有一段野蛮生长的过程，导致了不少风险的产生。直到1997年《证券投资基金管理暂行办法》颁布，强制托管、信息披露、组合投资三大制度基石得以确立，公募基金行业才进入规范发展的轨道。

根据证监会的数据，截至2018年末，公募基金个人投资者有效账户数超过6亿个，公募基金显然已是中国老百姓投资理财的重要工具。

一、拓荒与探索——老基金初步蹒跚

基金，从广义上说，是指为了某种目的而设立的具有一定数量的资金。主要包括信托投资基金、公积金、保险基金、退休基金、各种基金会的基金。我们现在提到的基金主要是指证券投资基金。

基金业起源于西方，最早的基金究竟诞生于什么时间和哪个国家，并没有一致的看法。有人认为是1822年由荷兰国王威廉一世所创立的私人信托投资基金；也有人认为是1774年由荷兰商人凯特威士创办的一只信托基金。一般认为，英国1868年诞生的“海外及殖民地政府信托基金”是世界上第一只基金（封闭基金）；而1924年诞生于美国的“马萨诸塞投资信托基金”是世界上的第一只开放式基金。

专栏1-1　什么是证券投资基金？

证券投资基金，是指通过发售基金份额募集资金形成独立的基金财产，由基金管理人管理、基金托管人托管，以资产组合方式进行证券投资，基金份额持有人按其所持份额享受收益和承担风险的投资工具。一般来说，证券投资基金具有集合投资、分散风险、专业理财等三个特征。

我国基金行业的诞生与发展，几乎与中国证券市场同步。中国证券投资基金行业的起步，一般以1997年11月14日《证券投资基金管理暂行办法》颁布后，南方基金管理公司和国泰基金管理公司分别发起设立的规模均为20亿元的两只封闭式基金——基金开元和基金金泰作为起点。但事实上，在此之前已经有一批基金公司和基金产品，但因为法规的空白，这批基金公司和基金产品的运作不够规范，在那段时期成立的投资基金被业界习惯称为“老基金”。

早在20世纪80年代末90年代初，一些嗅觉敏感的金融机构就开始尝试设立少量的境外投资基金及境内的多种基金。例如，1985年，中国东方投资公司在中国香港、英国伦敦先后推出了中国东方基金；1987年，中国新技术创业投资公司与汇丰集团、渣打集团在中国香港设立了中国置业基金，首期筹资3 900万元，投资于珠三角及周边的乡镇企业，并随后在香港联交所挂牌上市，标志着中资机构开始涉足证券投资基金业务。随后，一批由中资机构和外资机构在境外设立的“中国概念基金”相继面世。

在“中国概念基金”与中国证券市场发展的双重影响下，并伴随着国内房地产市场快速发展对资金的需求增加，基金这一业态初现雏形。1991年8月，珠海国际信托投资公司发起成立珠信基金，规模达6 930万元人民币。从1991年开始，中国人民银行总行及各地分支行陆续批准了一些投资基金的设立。比如，1991年10月设立的武汉证券投资基金和深圳南山风险投资基金，分别由中国人民银行武汉分行和深圳市南山区人民政府批准设立，规模分别为1 000万元和8 000万元。

1992年，深圳市颁布了我国第一个地方性基金法规——《深圳市投资信托基金管理暂行规定》，该规定与随后上交所公布的《上海证券交易所基金证券上市试行办法》共同成为规范投资基金的法规，在那段时期为投资基金提供了依据，同时也促进了早期投资基金的发展。

《深圳市投资信托基金管理暂行规定》共7章34条。第二条明确了基金的定义——本规定所指的投资信托基金，是指通过发行受益凭证，募集资金后，由专门经营管理机构用于证券投资或其他投资的一种信托业务。

《深圳市投资信托基金管理暂行规定》体现了当时较为先进的监管视野和思路，比如规定了基金的两种运作方式（开放式与封闭式）、证券投资比例限制以及对关联交易的监管。但该规定对管理人资质、基金投资范围的限制较少，这也是造成日后基金投资乱象的一个原因。

在政策的鼓励下，各地纷纷设立基金。据统计，1992年全年共有57只基金成立。同年11月，中国人民银行深圳分行批准成立了深圳市投资基金管理公司，发起设立了封闭式基金——天骥基金，规模为5.81亿元人民币。天骥基金是那时规模最大的基金。这与当时人民银行深圳经济特区分行行长王喜义的积极推动密不可分，除了南山基金和天骥基金外，深圳还发起设立了蓝天基金、半岛基金等。而经人民银行总行批准设立的第一只基金是1992年11月成立的淄博乡镇企业投资基金简称“淄博基金”，也被认为是国内第一家比较规范的投资基金。该基金为公司型封闭式基金，首次发行规模达1亿元人民币，其中60%的资金投向淄博乡镇企业，40%资金投资于上市公司。

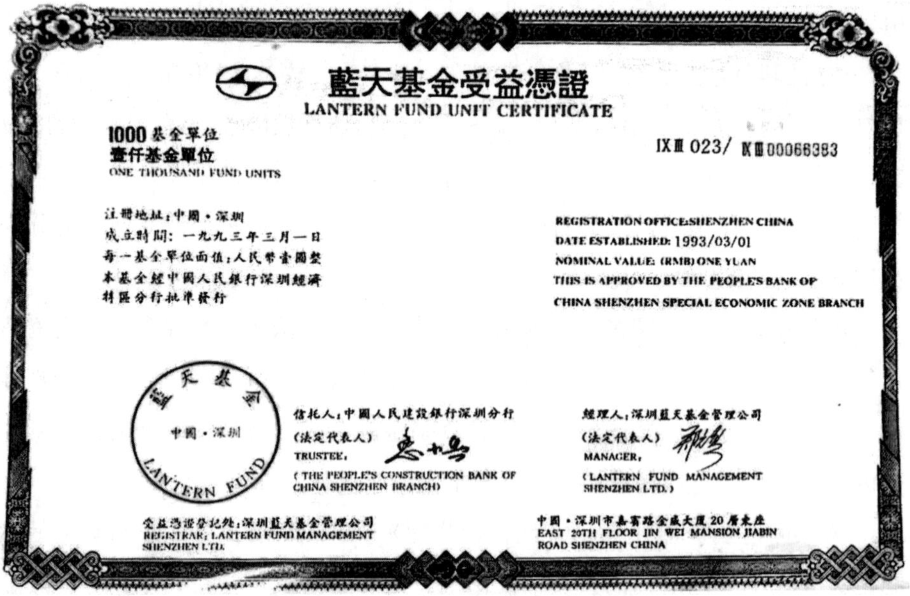
藍天基金受益憑證
LANTERN FUND UNIT CERTIFICATE

1000基金單位
壹仟基金單位
ONE THOUSAND FUND UNITS

IXⅢ 023/ ⅨⅢ00066383

注冊地址：中國·深圳
成立時間：一九九三年三月一日
每一基金單位面值：人民幣壹圓整
本基金經中國人民銀行深圳經濟特區分行批准發行

REGISTRATION OFFICE:SHENZHEN CHINA
DATE ESTABLISHED: 1993/03/01
NOMINAL VALUE: (RMB) ONE YUAN
THIS IS APPROVED BY THE PEOPLE'S BANK OF CHINA SHENZHEN SPECIAL ECONOMIC ZONE BRANCH

藍天基金
中國·深圳
LANTERN FUND

信托人：中國人民建設銀行深圳分行
（法定代表人）
TRUSTEE:
(THE PEOPLE'S CONSTRUCTION BANK OF CHINA SHENZHEN BRANCH)

經理人：深圳藍天基金管理公司
（法定代表人）
MANAGER:
(LANTERN FUND MANAGEMENT SHENZHEN LTD.)

受益憑證登記處：深圳藍天基金管理公司
REGISTRAR: LANTERN FUND MANAGEMENT SHENZHEN LTD.

中國·深圳市嘉賓路金威大厦20層東座
EAST 20TH FLOOR JIN WEI MANSION JIABIN ROAD SHENZHEN CHINA

图1-1 深圳蓝天基金受益凭证

从当时淄博基金的基金持有人凭证上可以看出，该基金是经中国人民银行银复〔1992〕424号文批准发行，基金发起人为中国农村发展信托投资公司、淄博市信托投资公司、交通银行淄博支行、山东证券公司、中国工商银行山东信托投资股份公司，基金管理人为淄博投资基金管理公司，基金保管人为中国农业银行淄博分行，基金公司年限从1992年12月15日至2000年12月14日。

贰仟份　淄博乡镇企业投资基金公司　每份人民币
编号:G　0038141　基金证券持有证　壹圆整
经中国人民银行总行银复[1992]424号文批准发行

基金发起人：中国农村发展信托投资公司
淄博市信托投资公司
交通银行淄博支行
山东证券公司
中国工商银行山东信托投资股份公司
基金管理人：淄博投资基金管理公司

发行总数：叁亿份
本次发行总数：壹亿份
本次发行日期：1992年12月
基金公司年限：1992年12月15日始
2000年12月14日止
基金保管人：中国农业银行淄博分行

基金公司董事长：
尹蓝天

持券人姓名：[redacted]　身份证号码：[redacted]
地　　址：[redacted]

承销银团主干事　中国农村发展信托投资公司

图1-2　淄博乡镇企业投资基金公司基金证券持有证

可以看出，该基金已经具备了基金发起人、基金管理人、基金持有人（当时称为持券人）、基金托管人（当时称为保管人）、基金份额的概念，因此“淄博基金是国内第一只比较规范的投资基金，也是中国内地投资基金行业的起点，揭开了投资基金业在内地发展的序幕”这一说法是比较客观的。

时任淄博基金投资管理公司董事长的是尹蓝天。尹蓝天生于1960年，毕业于中国政法大学，曾任中国农村信托投资公司研究咨询部董事、中国农村信托投资公司副总经理、淄博乡镇企业投资基金公司董事长等职务，后因中农信涉案被判刑。如今，年过六旬的尹蓝天，是中关村大数据产业联盟理事。

1993年6月，9家中方金融机构及美国波士顿太平洋技术投资基金在上海建立上海太平洋技术投资基金，这是第一个在我国境内设立的中外合资的基金，规模为2 000万美元。

1993年5月19日，中国人民银行作出了制止不规范发行投资基金的规定，其中投资基金的发行和上市、投资基金管理公司的设立以及中国金融机构在境外设立投资基金和投资基金管理公司，一律须由中国人民银行总行批准，任何部门不得越权审批。1993年8月，淄博乡镇企业投资基金在上海证券交易所挂牌交易，是第一只上市交易的投资基金。淄博乡镇企业投资基金的成功上市引发了短暂的中国投资基金业发展热潮。当年年底，建业、金龙、宝鼎三只基金共募集三亿元资金，也在上交所挂牌。

可以说，在这段时期，无论在数量上还是在资金规模上，我国早期的投资基金都取得了骄人的成绩。从政策的出台到中外合资基金的出现，再到基金的上市交易，我国的投资基金走了一段迅速发展的道路，取得了长足的进步。

不过，到了1994年，经济过热引发通胀，政府开始进行宏观调控，投资基金的审批进一步受到政策限制，基金业发展速度明显放缓。随着经济的调整，这些基金发展过程中暴露的各种问题逐渐暴露。这些基金设立和运作并不规范，存在发展与管理脱节的状况，很多基金资产状况恶化。

有资料显示，截至1997年10月，全国共有投资基金72只，募集资金66亿元。这些基金的发起人范围比较广泛，包括银行、信托投资公司、证券公司、保险公司和企业等。由于基金处于起步阶段，72只基金全部为封闭式基金。除了淄博乡镇企业投资基金、天骥基金和蓝天基金为公司型基金外，其他69只基金均为契约型。和现在大多投资证券市场的基金相比，当时绝大多数投资基金的资产复杂，多由证券、房地产和融资构成，甚至包括高尔夫球场会籍。1997年末的一个数据调查统计显示，老基金投资股票占比31%、房地产等实业投资占比28.2%、货币资金占比14.2%、债券投资占比3.5%、其他投资占比23.1%。由于房地产及实业投资占据相当大的比重，因此，流动性较低。

回顾老基金时代的发展历程，主要存在以下问题：

一是基金的设立、管理、托管等环节均缺乏明确有效的监管机构和监管规则。例如，大部分基金的设立由中国人民银行分支机构或者由地方政府审批，其依据是《深圳市投资信托基金管理暂行规定》等地方性法规，没有统一的标准，甚至在名称上都存在较大差异。由于缺乏基本的法律规范，在基金获批设立后，审批机关也没有完全落实监管义务，基金资产运营、投资方向等方面均缺乏相应的监督制约机制。

二是一些投资基金的运作管理不规范，投资者权益缺乏足够的保障。例如，部分基金的管理人、托管人、发起人三位一体，基金只是作为基金管理人的一个资金来源，而基金资产与基金管理人资产混合使用，账务处理混乱。又如，基金托管人并没有起到监督作用，基金管理人的行为没有得到有效监控。

三是很多基金资产状况不好，资产流动性较低，账面资产价值高于实际资产价值。投资基金的大量资产投资于房地产、项目、法人股等流动性较低的资产，更类似于产业投资基金，而非严格意义上的证券投资基金。同时，存在资产价值高估的问题。例如，20世纪90年代中期，部分地区房地产泡沫逐渐消除时，沉淀在房地产的资产仍然按照成本计价，而没有按照市价进行调整，使个别基金资产的账面价值高于实际资产价值。

尽管如此，我们必须承认，老基金时代具备很强的自发性和探索性，对于未来中国证券投资基金行业的规范与发展具有十分重要的意义。这一批“摸着石头过河”的先行者们使国人知道了投资基金，在广大投资者中间唤起了最初的基金意识，应当被历史记录。

这些参与过早期老基金探索的开创者们，相当一部分都成为了中国证券基金行业的风云人物。除了尹蓝天外，比较有代表性的还有余路明、杨赤忠、曹阳等。

学者出身的余路明曾任浙江大学财政金融系讲师，此后参与蓝天基金的筹建，并担任深圳蓝天基金管理公司副总经理。余路明离开蓝天基金后，曾担任平安证券副总经理。2007年，余路明再次回归公募基金，接替马顺福出任华商基金总经理。在此期间，华商基金的表现中规中矩。两年后，余路明又投身私募，担任深圳杉杉资产管理公司董事总经理。如今，他是中国人保香港资产管理有限公司首席执行官。杨赤忠则担任过蓝天基金的投资与研究部经理，后来担任过长盛基金的基金经理、大成基金的研究总监、光大证券的总裁助理。担任过天骥基金基金经理的曹阳，此后任职过中银基金市场总监、专户投资总监，后短暂出任过长安基金总经理。

二、规范启航——《证券投资基金管理暂行办法》的颁布与证监会基金监管部的成立

早在1994年7月底，证监会会同国务院有关部门就推出稳定股市新政策，提出发展我国的共同投资基金、培育机构投资人、试办中外合资基金管理公司、逐步吸引国外基金投资国内A股市场，当时申报了一批中外合资基金的方案。截至1996年，我国申请待批的各类基金已经达数百家，但由于法律的滞后，基金发展基本上处于停滞的状态。

应当说，证券投资基金行业进入规范发展时代，与《证券投资基金管理暂行办法》的颁布密不可分。而这其中，第三任证监会主席周正庆起了非常重要的作用。

周正庆，生于1935年2月，安徽人，1986年10月任中国人民银行副行长，1995年6月任国务院副秘书长、机关党组副书记和国务院证券委员会主任。1997年7月12日，周正庆兼任中国证监会主席。当时，为了进一步加强对证券市场的管理，国务院决定，沪深两大证券交易所划归中国证监会直接管理。

周正庆上任后的一件大事，就是清理原有的50多只老基金，开始新的证

券投资基金试点。

1997年10月，中国证监会党委正式决定，抽调七人筹建基金监管部，这七人分别是黄红元、李正强、李霞、王雪松、王彦国、刘建平、李佩霞。据介绍，时至今日，这七人中，刘建平一直从事基金行业相关工作，他的最新职位是中欧基金管理公司的总经理。基金监管部的成立标志着证券投资基金在证券监管体系内有了直接的监管部门。

1997年11月，国务院批准发布了《证券投资基金管理暂行办法》（简称《暂行办法》）。《暂行办法》作为规范证券投资基金运作的首部行政法规，确立了集合投资、受托管理、独立托管、利益共享、风险共担等基金基本原则，拉开了行业规范发展的序幕。中国证监会基金监管部依据《暂行办法》，制定了具体规则，奠定了行业制度的基本方向。

专栏1-2　《证券投资基金管理暂行办法》

《证券投资基金管理暂行办法》于1997年11月5日经国务院批准，1997年11月14日由国务院证券委员会发布，其是为了加强对证券投资基金的管理，保护基金当事人的合法权益，促进证券市场的健康、稳定发展而制定的办法。《证券投资基金管理暂行办法》对基金管理公司的设立，证券投资基金产品的设立、募集与交易，基金托管人、基金管理人和基金持有人的权利与义务，基金的投资运作与管理等都作出了明确的规范。

《证券投资基金管理暂行办法》是规范我国基金行业试点与发展的第一部法规。《暂行办法》的出台，确立了我国证券投资基金业基本的法律规范与制度框架，为我国基金业在规范基础上新的突飞猛进发展奠定了法制基础，标志着我国首次用行政法规规范了投资基金的运作。由此，中国基金业的发展进入了一个新阶段。

1997年12月12日，中国证监会发布《关于申请设立基金管理公司有关问题的通知》《关于申请设立证券投资基金有关问题的通知》，规定申请设立基金管理公司、证券投资基金的程序、申报材料的内容及格式，证监会开始受理设立基金管理公司和证券投资基金的申请。

1998年，我国共设立了6家基金管理公司，管理封闭式基金5只，募集资金100亿元人民币。截至1998年末，基金资产净值合计107.4亿元人民币。

随着新基金的成立，证监会也开始加速推动老基金的重组与改制。老基金积累了很多的历史问题，如果处理得不好，容易引发一些社会问题。

1999年3月，根据《国务院转发证监会原有投资基金清理规范方案的通知》，各证券交易中心交易的基金逐步摘牌，在交易所上市的基金也分不同情况进行清理与规范，清理规范工作于2000年6月底以前完成。

这是一个艰难和痛苦的过程。对于老基金的清理规范，不得不采取一些非市场手段，包括由基金管理人或发起人用现金置换原有的流动性差的资产。

资料显示，2000年共有36只老基金改制成为11只证券投资基金，截至2000年末，证券投资基金的数量达到了33只。其中，淄博乡镇投资企业基金于2001年6月21日摘牌，与沈阳通发、三峡基金合并成立封闭式基金——汉博证券投资基金（基金汉博），管理人为富国基金管理公司。2007年4月，基金汉博召开持有人大会，通过了基金汉博“封转开”方案，基金汉博转型成为富国天博创新主题股票型证券投资基金。时至今日，这只记载着中国基金行业发展历程的基金产品仍在正常运作之中。

再如蓝天基金，2000年6月举行的临时持有人大会决议，原蓝天投资基金更名为鸿飞证券投资基金（基金鸿飞），管理人为宝盈基金管理有限公司，到期后，基金鸿飞转型成为开放式基金——宝盈资源优选股票型基金。再如，天骥基金，则改制为融鑫证券投资基金（基金融鑫），于2002年9月在深交所上市。2008年，基金融鑫“封转开”，转为开放式基金——国投瑞银成长优选基金。

应当说，在时任证监会主席周正庆的领导下，老基金清理工作顺利完成，而且没有引起大的社会问题，是非常不容易的。总结来看，主要有以下几个原因：一是中央高度重视，正确领导，集中部署，较好地统一了各方面的思想认识，这是清理整顿得以顺利开展的根本保障。二是在清理整顿方案制定和实施过程中，反复调研，听取意见，基本摸清了风险隐患和问题的症结，明确了清理整顿的目标，及时确定了行之有效的政策措施。三是采取“先降温，后处理”的办法，逐步化解风险，避免矛盾的激化。四是按照实事求是、疏堵结合的原则，扎扎实实地逐户落实清理整顿方案，一个一个解决问题，消除风险，区分不同情况，分类指导，先易后难，各个击破。五是依靠地方政府，充分调动各方面积极性，及时消除风险隐患。

清理整顿完成后，整个行业得以轻装上阵，公募基金行业发展的大幕徐徐拉开了。

本篇参考文献：

[1] 范勇宏. 基金长青 [M]. 北京：中信出版社，2013.

[2] 赵迪. 基民天下 [M]. 北京：清华大学出版社，2007.

[3] 深圳证券交易所投资者教育中心. 基金投资20讲 [M]. 北京：机械工业出版社，2010.

[4] 赵迪. 资本的崛起 [M]. 北京：机械工业出版社，2010.

本篇作者介绍：赵迪，毕业于南开大学金融学专业，财经作家，基金与资产管理行业研究专家，曾任《股市动态分析》杂志总编辑，著有《基金经理》《资本的崛起》《资本剑客》《基金经理之诚信的背后》等畅销财经图书。

第二篇
第一批公募基金

【编者按】

1997年《证券投资基金管理暂行办法》的颁布是基金行业发展的分水岭。经过紧张的筹备，1998年中国迎来了第一批公募基金管理公司和第一批公募基金产品。本篇回顾了最初十家基金管理公司（所谓“老十家”）和首两只基金产品的诞生过程。

在上一篇的编者按里，我们简单介绍了公、私募产品。如果你属于高净值客户，打算拿出100万元以上进行理财（100万元为私募产品的基本门槛），那么可以选择私募基金、券商集合理财、基金公司专户，或信托产品以及部分面向高净值客户的银行理财产品进行投资。这些产品的投资范围广泛，不少可以投资“非标”债权和未上市股权，风险和收益特征更为多元。

就普通投资者而言，还是要从公募基金和银行理财这两大类具有公募属性的产品中进行挑选。券商集合理财有一些历史遗留的所谓 “大集合”产品，有一定公募属性，但存量稀少。另外，近几年具备较强理财功能的保险产品也颇受欢迎。不过，产品类型丰富、运作透明、信息披露全面及时的公募基金，始终为投资者提供了最为丰富的选择。

1998年是公募基金初创之年，当年有6家公司成立，发行了5只产品。根据Wind资讯的统计数据，截至2020年10月底，153家基金公司（含持有公募基金牌照的券商和保险资产管理公司）管理着7 000多只基金产品。当年买基金主要靠“抢”，而现在投资者却有了不知道买哪个好的困惑。

选择基金，关键在于判断基金经理的投资能力。通过公开信息分析以及面对面访谈，我们可以对基金经理的投资能力作出较为客观的判断，最大概率地选出优质产品。这个过程需要一定的专业技术和大量的资源投入，也是腾讯理财通等专业理财平台存在的意义。以后我们会陆续向大家介绍判断基金经理“是否靠谱”的基本方法。

除判断基金经理投资能力之外，投资者需要关注两项产品信息。这两项产品信息很多时候都有“一票否决权”。

一是流动性安排。如文中所述，20多年的首批基金产品都采取封闭运作的方式。尽管后续可上市交易，但大多数情况下都要承受折价的损失。传统封闭式基金已退出历史舞台（目前仅一些分级基金采取封闭式），但最近“半封闭”式的定期开放式基金却大行其道。定开基金通常有一定的封闭期（1个月到5年不等），到期开放一段时间申赎，再进入下一个运作周期。这种安排避免了申赎对投资的影响，却不适合对流动性要求较高的投资者——银行的定期存款未到期尚可取出，而在封闭期的基金是没有办法赎回的。

二是投资比例。公募基金的投资范围一般限定于上市交易的股票、债券和货币市场工具。基金合同都会写明基金投资某类资产的比例，这个数字也决定了基金的类型。例如，80%以上的基金资产投资于股票的，为股票基金；80%以上的基金资产投资于债券的，为债券基金；仅投资于货币市场工具的，为货币市场基金；80%以上的基金资产投资于其他基金份额的，为基金中的基金（FOF）；不属于上面任何一类的，叫混合基金。投资比例决定了基金的基本风险收益特征。如果希望某只股票基金可以带你穿越牛熊，收获稳稳的幸福，显然不太现实，因为它必须维持80%以上的权益（股票）仓位。需要注意的是，市面上大部分基金其实是混合基金，它的比例设置颇为灵活，最低权益仓位要求一般从30%到80%不等，有的只是划定了一个范围。以灵活配置型的混合基金为例，权益仓位可以是0到95%，可以说几乎没有要求。投资者要根据自己的收益目标、风险承受水平及对市场的判断，选择合适的基金类型。

基金申赎安排、投资比例的相关信息，都可以在基金的招募说明书中找到。作为一个“靠谱”的投资者，在投资前，招募说明书是一定要认真阅读的。

一、老十家公司——控股模式与平均持股模式

随着《证券投资基金管理暂行办法》的出台和《关于申请设立基金管理公司有关问题的通知》《关于申请设立证券投资基金有关问题的通知》的发布，中国基金行业迎来了新的发展阶段。

证券公司是发起设立基金公司的主力军。率先成立的两家基金公司分别由国泰证券[①]和南方证券主导。

1998年3月5日，国泰基金管理有限公司宣告成立，成为《证券投资基金管理暂行办法》出台后成立的中国第一家公募基金管理公司。次日，南方基金管理有限公司成立。

说起来，这里面还有一个有意思的故事。从获批日期来看，南方基金早于国泰基金两天，南方基金是1998年3月3日拿到的批文，国泰基金是3月5日拿到的批文。但是，从成立日期来看，国泰基金获批当天成立，南方基金却在获批三天后才宣告成立。对此，有人解释说是当时快递行业还没有起步，邮递远没有现在发达，或许获批的文件从北京到深圳的寄送过程中耽误了时间，导致南方基金与第一家成立的基金公司称号擦肩而过。

南方基金成立一个月后，华夏基金宣告成立。华夏基金由华夏证券主导。华夏证券委派当时北京东四证券营业部总经理范勇宏牵头筹建华夏基金，并任总经理。华夏证券东四营业部是当时全国最大的证券营业部之一，除了传统的股票经纪业务外，还从事投行、自营、研究、期货等业务，相当于一个中等证券公司的规模。范勇宏接受总公司安排筹建华夏基金时，带上了东四营业部里面从事研究咨询工作的一个年轻人一起工作，这个人就是后来被称为"基金经理一哥"的王亚伟。十多年后，范勇宏成为"公募基金教父"，王亚伟成为"基金经理一哥"。

1998年，我国一共设立了6家基金管理公司，分别是国泰基金管理有限

① 1999年，国泰证券与君安证券合并，变身国泰君安证券。

公司、南方基金管理有限公司、华夏基金管理有限公司、华安基金管理有限公司、博时基金管理有限公司和鹏华基金管理有限公司。1999年，嘉实基金管理有限公司、长盛基金管理有限公司、大成基金管理有限公司、富国基金管理有限公司获准成立。这10家基金管理公司是我国第一批规范的公募基金管理公司，也被市场称为“老十家”。

表2-1 “老十家”基金公司名录

序号	基金公司	成立日期
1	国泰基金管理有限公司	1998 年 3 月 5 日
2	南方基金管理有限公司	1998 年 3 月 6 日
3	华夏基金管理有限公司	1998 年 4 月 9 日
4	华安基金管理有限公司	1998 年 6 月 4 日
5	博时基金管理有限公司	1998 年 7 月 13 日
6	鹏华基金管理有限公司	1998 年 12 月 22 日
7	嘉实基金管理有限公司	1999 年 3 月 25 日
8	长盛基金管理有限公司	1999 年 3 月 26 日
9	大成基金管理有限公司	1999 年 4 月 12 日
10	富国基金管理有限公司	1999 年 4 月 13 日

与老基金发起股东相对比较复杂的情况不同，“老十家”的股东多由证券公司和信托公司组成。从持股比例上，又分为控股模式和平均持股模式两种。其中，国泰基金管理有限公司、南方基金管理有限公司、华夏基金管理有限公司、华安基金管理有限公司、鹏华基金管理有限公司属于大股东控股模式，博时基金管理有限公司、嘉实基金管理有限公司、长盛基金管理有限公司、大成基金管理有限公司、富国基金管理有限公司属于各个股东平均持股模式。

据说，两种持股模式是监管有意为之，颇有“赛马”之意。但“老十家”日后的发展表明，两种模式并无优劣之分，对基金公司发展并未产生决定性影响。事实上，股东的实力也并未对基金公司的表现起到决定性作用。

从日后的实践来看，控股模式中，南方基金管理有限公司、华夏基金管理有限公司成长为行业巨头；平均持股模式中，博时基金管理有限公司、嘉实基金管理有限公司也跻身行业领先者。

表2-2 “老十家”基金公司发起股东结构

基金公司	发起股东	持股比例（%）
国泰基金管理有限公司	国泰君安证券股份有限公司	30
	浙江省国际信托投资公司	20
	宏源证券股份有限公司	20
	上海爱建信托投资有限公司	20
	中国电力财务有限公司	10
南方基金管理有限公司	南方证券有限公司	60
	厦门国际信托投资公司	20
	广西信托投资公司	20
华夏基金管理有限公司	华夏证券有限公司	55
	北京证券有限公司	38
	中国科技国际信托投资有限公司	7
华安基金管理有限公司	上海国际信托投资公司	60
	申银万国证券股份有限公司	20
	山东证券有限公司	20
博时基金管理有限公司	中国长城信托投资公司	25
	金信信托投资股份有限公司	25
	国信证券有限公司	25
	光大证券有限公司	25
鹏华基金管理有限公司	国信证券有限公司	50
	鞍山市信托投资股份有限公司	16.68
	浙江证券有限公司	16.66
	安徽省国际信托投资公司	16.66
嘉实基金管理有限公司	中煤信托投资有限公司	25
	吉林省信托投资公司	25
	广发证券股份有限公司	25
	北京证券有限公司	25

续表

基金公司	发起股东	持股比例（%）
长盛基金管理有限公司	中信证券股份有限公司	25
	天津北方国际信托投资公司	25
	湖北证券有限公司	25
	安徽省信托投资公司	25
大成基金管理有限公司	中国经济开发信托投资公司	25
	广东证券股份有限公司	25
	光大证券有限公司	25
	大鹏证券有限公司	25
富国基金管理有限公司	申银万国证券股份有限公司	20
	山东省国际信托投资公司	20
	华泰证券有限责任公司	20
	海通证券股份有限公司	20
	福建国际信托投资公司	20

令人感慨万千的是，如今大部分的“老十家”基金公司依然保持着行业翘楚的地位，然而一些发起股东却已退出历史舞台。

南方基金管理有限公司成立之时的大股东——南方证券有限公司由于挪用客户准备金高达80亿元以及自营业务的巨额亏损，于2004年1月被中国证监会、深圳市政府实施行政接管。2005年9月28日，在原南方证券有限公司基础上重组形成的注册资本15亿元人民币的中国建银投资证券有限公司在深圳宣布成立，南方证券有限公司正式退出历史舞台。而在此之前的2003年，南方证券有限公司已将持有的南方基金的股份全部协议转让给深圳机场。2003年11月，华泰证券通过先后受让长城证券、海通证券、陕西国投、华西证券所持南方基金公司的股权，成为南方基金公司第一大股东。

华夏基金管理有限公司成立之时的大股东——华夏证券有限公司于2005年12月15日，被中国证监会和北京市人民政府发文停止公司及所属分公司、证券营业部和证券服务部的证券业务活动，并被撤销业务许可。2005年8

月，中信证券股份有限公司与中国建银投资有限责任公司共同出资筹建了中信建投证券有限责任公司和建投中信资产管理有限公司，分别受让华夏证券有限公司的全部证券业务及相关资产和非证券类资产。

二、同日发行的基金金泰和基金开元

国泰基金和南方基金率先成立后，很快就进入了基金发行的环节。那时，封闭式基金依旧是基金产品的主流。

1998年3月27日，经中国证监会批准，新成立的南方基金管理公司和国泰基金管理公司分别发起设立了规模均为20亿元的两只封闭式基金——基金开元和基金金泰，由此拉开了中国证券投资基金试点的序幕。

据国泰基金管理有限公司董事长陈勇胜回忆，之所以把基金名称定为“金泰”，是由“泰鑫鼎盛”而来。国泰基金管理有限公司希望在之后的四个封闭式基金产品里，分别把这四个字连起来，即“金泰”“金鑫”“金鼎”“金盛”，“金”取自金色年华，“泰”即为国泰。

基金开元存续期为15年。全部为20亿份基金单位，其中由发起人认购6 000万份基金单位，其余19.4亿份基金单位于1998年3月23日通过深圳证券交易所以上网定价方式发行，首任基金经理为杜峻。基金金泰存续期也是15年，首任基金经理为徐智麟。

在这两只封闭式基金诞生的时候，市场依然保持着“炒新”的特点，把新基金当做股票来炒作。基金金泰和基金开元分别在上交所和深交所上网发行。有数据显示，当时有差不多1 600多亿元的资金抢购这两只新基金。而这两只基金的发行规模分别仅为20亿元。交易所采用摇号抽签，2只封闭式基金的平均中签率仅为2.48%。1998年4月7日，基金金泰上市交易时，开盘即高达1.45元。这意味着，中签的投资者当天就能获益45%。该基金一度连续涨停，5月5日，盘中创出了2.43元高价，累计涨幅高达140%，远远高过基金净值，显示出投资者的不理性，甚至有投资者说基金应像股票一样有“市盈率”。

然而，封闭式基金的火爆并没有持续太久，随着市场对于基金本质认识的加深，封闭式基金二级市场价格逐步向基金净值回归，甚至随着交易逐渐陷入低迷，与海外成熟市场的情况一样，封闭式基金开始出现了折价交易的现象。

1998年，我国有5只封闭式基金成功发行。除了基金开元和基金金泰外，还有基金兴华、基金安信和基金裕阳，单只基金规模均为20亿元，年末资产管理净值合计为107.4亿元。截至1999年1月，封闭式基金数量快速突破20只。

专栏2-1　什么是封闭式基金

封闭式基金，是相对于开放式基金而言的，是指基金发行总额和发行期在设立时已确定，在发行完毕后的规定期限内发行总额固定不变的证券投资基金。封闭式基金的投资者在基金存续期间内不能向发行机构赎回基金份额，基金份额的变现必须通过证券交易场所上市交易。

三、第一批封闭式基金后续

在证券投资基金诞生的时候，基金管理公司大都选择了封闭式基金。一是因为封闭式基金份额稳定，对于基金管理公司而言，比较容易进行资产配置，且可以稳定地获得管理费收入。二是封闭式基金可以在交易所挂牌交易，投资人可以通过二级市场买卖份额。在1998年封闭式基金诞生到2001年第一只开放式基金华安创新基金成立，证券投资基金市场一直仅有封闭式基金一类产品。

开放式基金的问世受到了市场的广泛欢迎，因其份额可以随时申购、赎回，通过商业银行等代销机构即可交易，对于没有证券账户的投资人来说十分方便。同时，由于首批封闭式基金在运作中，呈现出较高的折价率，在二级市场卖出往往会出现较多的损失。不在二级市场卖出，又没有其他的方式变现。因此，随着时间的推移，我国开放式基金得到了迅速发展，开放式基金日益成为证券投资基金市场的主流类型，而封闭式基金逐步被市场边缘化，陷入了停滞，折价率也越来越高。

在设立封闭式基金的时候，基金管理公司都会设立一个运作周期，如十年、十五年等。按照当时的设定，华夏基金管理公司管理的基金兴业是第一只到期的封闭式基金，到期时间是2006年11月。封闭式基金到期后，基金管理人有三种选择，一是延长期限，继续以封闭的方式持续运作；二是选择清盘，结束运作；三是转为开放式基金继续运作。由于开放式基金受市场欢迎程度远高于封闭式基金，且当时市场又处于牛市环境之中，基金兴业作为第一只到期的封闭式基金，果断选择转为开放式基金，简称“封转开”。

2006年6月14日，华夏基金管理公司公告，第一只到期的封闭式基金——基金兴业将于当年7月14日在北京召开持有人大会，以现场表决方式就基金兴业转型议案进行投票表决。这标志着封闭式基金“封转开”程序正式启动。根据《兴业证券投资基金转型方案说明书》，基金兴业由封闭式基金转型为开放式基金，基金存续期由2006年11月14日到期调整为无限期。同时，华夏基金管理有限公司向上海证券交易所申请终止或提前终止基金兴业的上市交易。7月14日，华夏兴业基金转型方案获得持有人大会表决通过。转型后的新基金取名为“华夏平稳增长”。

资料显示，为了保证基金能够平稳过渡，降低持有人在基金开放后大量赎回的影响，华夏基金管理有限公司在方案中设计了“激励”和“惩罚”条款。根据相关方案：管理人承诺对于在转型前持有兴业基金的投资者，自基金开放日常申购、赎回之日起，若持有基金份额满半年，则在其原持有的兴业基金份额基础上提供1%的基金份额补偿；若持有基金份额满1年，则在其原持有的基金份额基础上再提供0.5%的基金份额补偿。“惩罚条款”则为：如在2006年11月14日之前赎回的，赎回费按3%收取，并全部归入基金资产；

对于在基金开放日常申购、赎回之日起三个月以内赎回的，所收取赎回费全部归入基金资产。

由于当时封闭式基金的交易价格和净值之间存在较大折价，因此“封转开”存在较大的套利空间，基金兴业的“封转开”受到市场的欢迎，最终成功转型，为封闭式基金提供了很好的转型范例。

“封转开”消除了封闭式基金到期的不确定性，使持有人避免因到期清盘而遭受损失，有利于维护市场稳定。此后，基金市场中的第一批封闭式基金全部选择了“封转开”。

四、“老十家”首任总经理：命运各不同

应当说，“老十家”基金公司的首任总经理是推动中国基金行业发展的先行者，而命运却各有不同。

国泰基金管理有限公司首任总经理为陈勇胜。这也是证券投资基金规范化发展时代中国的第一位公募基金总经理。据说，至今陈勇胜的手中还留存着厚厚一沓复印件，这是公司成立之初就制定好的“58个规章制度”。公司成立一年后，陈勇胜转任公司董事长、党委书记。但2014年，时任总经理的金旭离职后，陈勇胜曾再度担任国泰基金管理有限公司代总经理。直至2015年8月7日及21日，陈勇胜不再担任代总经理、董事长一职。

1999年3月，洪磊出任嘉实基金管理公司总经理。2001年，洪磊进入证监会。在担任证监会基金部副主任的十余年中，他亲历了对基金业的整顿和改革发展，任内大力推动基金行业的制度建设。后来，洪磊担任中国证券投资基金业协会会长。

1999年，长盛基金管理有限公司成立，张佑君作为中信证券方面的代表，担当了长盛基金首任总经理。2001年底，张佑君从长盛基金离职，回归中信证券，并于2002年出任中信证券总经理。

南方基金管理有限公司首任总经理熊双文任职时间不长，1999年便匆匆

离职。此后，因对南方证券有限公司1996年10月至1997年4月间违反证券法规的行为负有主要责任，被处以警告，罚款五万元，并暂停证券从业资格六个月。

与熊双文经历类似的还有鹏华基金管理有限公司首任总经理员瑞恒。1998年12月，员瑞恒出任鹏华基金管理有限公司董事、总经理。2002年6月，员瑞恒出任公司副董事长，之后就常年病休。

华安基金管理有限公司创始人韩方河执掌华安基金长达8年。然而，在2007年9月，韩方河因受贿400多万元及共同操纵股价罪，被判处有期徒刑18年。

1999年，大成基金管理有限公司成立，时任大鹏证券副总裁的龙小波担任公司首任总经理。2002年，中泰信托成为大成基金控股股东。2003年，龙小波去职，此后成立私募基金——柏坊资产。

1999年4月，富国基金管理有限公司成立，李建国任总经理。2008年，李建国调任海通（香港）金融控股有限公司，担任海通证券的总经理助理及海通国际控股有限公司董事长。

担任"老十家"首任总经理时间最长的应属华夏基金管理有限公司的范勇宏和博时基金管理有限公司的肖风，他们都是公募基金行业的教父级人物。2011年，肖风辞去博时基金总经理一职，此后担任万象控股副董事长，并投身区块链研究。范勇宏则在2012年辞去华夏基金总经理职务。

风雨二十年。"老十家"作为中国公募基金的先行者，展现了开疆破土的勇气，也获得了先天的竞争优势。成立之初，人才匮乏，但却引领中国机构投资者的投研体系逐步走向成熟。时至今日，"老十家"在中国基金行业中仍具有举足轻重的地位和话语权。

本篇参考文献：

[1] 范勇宏. 基金长青 [M]. 北京：中信出版社，2013.

[2] 赵迪. 基民天下 [M]. 北京：清华大学出版社，2007.

[3] 深圳证券交易所投资者教育中心. 基金投资20讲 [M]. 北京：机械工业出版社，2010.

[4] 赵迪. 资本的崛起 [M]. 北京：机械工业出版社，2010.

本篇作者介绍：赵迪，毕业于南开大学金融学专业，财经作家，基金与资产管理行业研究专家，曾任《股市动态分析》杂志总编辑，著有《基金经理》《资本的崛起》《资本剑客》《基金经理之诚信的背后》等畅销财经图书。

第三篇
初期的基金投资

【编者按】

本篇主要回顾了行业发展初期的基金投资。基金是一个典型的智力密集型行业，基金经理则是行业的“灵魂”，一只基金能不能让投资者满意，主要看基金经理的能力。

2001年末的时候，全国有31名基金经理，而如今这一群体已扩大至2 133名。当我们要把辛苦打拼的钱交给一个素未谋面的陌生人管理的时候，应该怎样判断他是否靠谱呢?

最重要的参考当然是历史业绩。因为可比性的问题，业绩通常是以同类产品业绩的排名来衡量的。看业绩的时候，要注意以下两点。首先，短期排名（一年）远没有长期排名（三到五年）重要，六个月以下的排名几乎无参考性。实际上，我们要特别小心那些短期业绩异常突出的经理，因为他很可能是承担了更高的风险。其次，排名稳定性同样很重要。例如，三年期内排名相似的两位经理，每年排名波动较小的那位大概率更为优秀。

对于腾讯理财通这样的专业销售平台来说，不但要挑出业绩出色的基金经理，还要通过“业绩归因分析”探究业绩背后的原因，即基金经理为何取得这样的业绩——是择时准，还是行业配置得好，抑或是个股选择出色?将归因分析的结果与基金经理自述的投资逻辑相比较，通常可以对其能力作出更准确的评价。投资逻辑与归因分析结果不符的，业绩中运气的成分显然更多。

专业销售机构还会看更多维度的信息，如公司的投研体系建设、投资决策及风控流程。毕竟，基金经理不是单打独斗。如文中所述，公募行业在体制、流程方面一直走在同行的前面，但公司之间还是有不小的差别。此外，因为基金经理是为投资者赚钱的主体，由于不同公司对基金经理的激励方式不同，基金经理是否持有公司股份等因素，会影响优秀的明星基金经理是否能长期、安心、稳定地为持有人获取回报，以及投资团队的稳定，进而影响投资结果。

最后强调一点。基金是投资者和基金经理合作进行的一笔投资。基金经理可以决定买什么股票、何时买与何时卖，而投资者可以决定买哪只基金、何时申购与赎回。很大程度上，基金的回报取决于投资者的投资习惯、信仰和对市场的看法。无论如何，不追热点、不看短期业绩、相对低点买入后长期持有，是投资颠扑不破的真理。

1998年是中国公募基金行业的发轫之年，国泰、南方两家基金公司的成立标志着中国公募基金行业的诞生。随后，基金金泰、基金开元两只封闭式基金发起成立，中国公募基金经理这一职业也从此登上了历史舞台。

一、第一代基金和基金经理

20世纪60年代出生的徐智麟是上海滩第一批股民，他起初是大学教师，在“炒股热”兴起后，徐智麟辞去公职，开始写股评，写炒股书籍。他在一次讲座中被国泰证券时任董事长相中力邀加盟。1998年初，徐智麟被国泰证券派往筹备中的国泰基金管理有限公司。

此时，28岁的杜峻入职了南方基金管理有限公司。杜峻，1970年出生毕业于北京大学光华管理学院，之后进入南方证券发行部、基金部工作，1998年入职南方基金管理有限公司。

1998年3月27日，基金金泰和基金开元同日公告成立，被并称为国内首只基金。基金金泰和基金开元均为封闭式基金，封闭期15年，募集规模都是20亿元。

在时代潮水的推动下，徐智麟和杜峻这两个背景迥异的年轻人有了碰撞和交集，分别担任首只封闭式基金的首任基金经理，成为中国公募基金业里程碑式人物。

同一时间，深圳特区证券研究员王宏远在报纸上看到了一则南方基金的招聘启事。凭着研究生期间做过的美国证券投资基金课题研究，25岁的王宏远过五关斩六将，成为南方基金投资研究部的研究员，而后成为基金开元基金经理，后来又成为南方基金投资总监、副总经理。他所管理的基金开元在2000年激烈的冠军基金竞争中，以高达61.56%的净值增幅夺冠。

王宏远26岁担任基金经理、27岁任投资总监的记录在中国公募基金行业至今无人打破。2013年，王宏远以联席董事长身份加盟新锐基金公司前海开源，成为公募基金行业为数不多的从普通员工成长为董事长的人。

除了基金金泰和基金开元，1998年还有三只基金成立，分别是华夏基金的基金兴华、华安基金的基金安信、博时基金的基金裕阳。王亚伟、林彤彤/王国卫、谢超成为这三只基金的首任基金经理。

1971年出生的王亚伟很早就对证券投资感兴趣，他是安徽高考状元，

1993年清华大学毕业，进入华夏证券，任北京东四营业部研究部经理。当时东四营业部是全国最大的证券营业部，总经理范勇宏在1998年初代表华夏证券开始筹建华夏基金，王亚伟随之加盟。华夏基金旗下第一只封闭式基金——基金兴华成立后，王亚伟任首任基金经理。

凭借精准的选股能力和介入时机，王亚伟在管理的华夏大盘取得了6年11倍收益、年化回报率达49.22%的不败战绩。2012年，王亚伟离开公募基金行业，成立了自己的私募基金。

与王亚伟同龄的林彤彤早前在银行从事信贷工作，在“想弄清媒体报道过的国外基金公司在中国是什么样”的好奇心驱使下，他参加了筹建中的华安基金的面试。当时，林彤彤从银行转战公募基金这个不知名的小行业，身边很多人不看好。

从1998年6月担任华安基金首只封闭式基金——基金安信的基金经理，到2014年从汇丰晋信基金去职，林彤彤本是当时公募基金任职时间最长的基金经理。令人始料未及的是，2014年末，林彤彤因“老鼠仓”身陷囹圄。

基金安信是双基金经理，另一位基金经理王国卫被老华安人称为“华安基金创始人”，他当时就采用了“主要投资成长股，辅助投资价值股”的投资方法。他在2011年就离开了公募基金行业。

谢超是博时基金首只封闭式基金——基金裕阳的基金经理，他在美国毕业后直接参加工作并拥有美国证券经纪人资格，1998年回国加盟博时基金，任研究部副经理。不过，2001年4月，谢超突然提出辞职，他辞职前写下了一份《基金经理人工作报告》，详尽阐述了他的投资理念、策略、方法和个股理解。

值得一提的是，1998年成立的五只封闭式基金，在1999年首次拥有了完整的全年业绩，林彤彤和王国卫管理的基金安信以52.29%的收益率夺得了1999年基金业绩冠军。2001年，两人管理的基金安信再次以8.22%的收益率成为当年偏股基金业绩冠军。

1999年，鹏华基金管理有限公司、嘉实基金管理有限公司、长盛基金管理有限公司、大成基金管理有限公司、富国基金管理有限公司都陆续发行了首只产品。

鹏华基金在1999年1月初成立了首只封闭式基金——普惠证券投资基金，1964年出生的张涵成为首任基金经理。他毕业于北京大学化学系，履历颇丰，历任国信证券基金部负责人等职。1998年底，他代表国信证券参与筹备鹏华基金。

1999年4月8日，长盛基金成立了首只封闭式基金——基金同益，丁楹成为首任基金经理。丁楹此前为中信证券总部自营业务投资经理。

同日成立的还有嘉实基金首只封闭式基金——基金泰和。作为“嘉实长子”，基金泰和的首任基金经理是投资总监波涛。波涛是美国纽约州立大学金融学博士，曾就职于国际货币基金组织。他回国后，希望把国外成熟的价值投资理念引入国内。后“因为既定的投资管理方针无法继续执行”，波涛辞去基金经理职务。

5月，大成基金首只封闭式基金——基金景宏成立，由蔡秋枫开局执掌，理科背景的蔡秋枫此前曾在几家实业公司资产管理部从事投资工作。

同月，富国基金的首只封闭式基金——基金汉盛也宣布成立，首任基金经理金涛来自海通证券基金部。

至此，“老十家”基金公司都已发行首只产品。紧接着，各家的第二只、第三只基金产品开始发行。

1999年6月，华安基金第二只产品——基金安顺成立，尚志民担任首任基金经理；7月，鹏华基金的第二只基金——基金普丰成立，基金经理是李国飞。李国飞早期关于哲学与投资、投资框架分析的文章至今仍流传于各类社交媒体上，为投资者所推崇。

1999年下半年，老十家基金“次子们”纷至沓来，比如邹翔管理的华夏基金产品——基金兴和、王宏远管理的南方基金产品——基金天元、钱华管理的国泰基金产品——基金金鑫、王江平管理的大成基金产品——基金景阳、杨赤忠管理的长盛基金产品——基金同盛、王浩管理的富国基金产品——基金汉兴。在1999年末，大成基金还发行了第三只产品基金景福，由徐力中管理。

2000年，全行业仅有两只基金成立，分别是博时基金的基金裕泽，由汪德生管理；国泰基金的基金金盛，由曹华强管理。

在这些首批基金经理中，杨赤忠值得一提。他在1999年11月5日担任长盛基金旗下基金同盛的基金经理，仅3个多月后转投大成基金，是首批基金经理中首个“跳槽”的案例。此后，杨赤忠离开公募基金会，先是在光大证券、光大集团任高管，后任贵阳市委常委、副市长。

2001年，易方达基金管理有限公司、宝盈基金管理有限公司、融通基金管理有限公司、银华基金管理有限公司、长城基金管理有限公司成立。由于筹备期准备充分，易方达基金成立仅三天，旗下的基金科汇、基金科翔即宣告成立。

宝盈基金在2001年5月18日成立，同日，旗下首只基金——基金鸿飞成立，首任基金经理方晔来自当时的大股东——中国对外经济贸易信托有限公司。融通基金在8月末成立了首只基金——基金通乾，赵枫担任首任基金经理。银华基金的首只基金是基金天华，出身于信托的石松鹰担任首任基金经理。

2001年9月，中国第一只开放式基金——华安创新成立了。与封闭式基金规模固定、持有人必须通过二级市场竞价交易不同，开放式基金一般不上市交易，通过银行开放申赎，基金规模不固定。

尚志民担任华安创新首任基金经理。尚志民在入职华安基金16年后，于2015年辞去华安基金副总经理、首席投资官职务，创建了自己的私募基金。他是当年公募基金史上从业时间最久、资历最深的从业者。

首批基金公司成立后，由于当时中国公募基金草创未就，早期从业者主要有三个来源：一部分是证券、信托、期货公司员工，由股东方派到基金公司，这部分占多数；一部分来自市场公开招聘；还有一部分是早年老基金的管理人员，他们也进入了新的证券投资基金业。

回看1998—2001年成立的首批基金，在其15年的封闭存续期内，每只基金至少经历过5—10名基金经理的管理，首批公司为第一批封闭式基金配备了出类拔萃的管理力量。以华夏基金的基金兴华为例，先后经历了王亚伟、江晖、石波、郭树强、刘文动等知名基金经理。

这些首批基金经理，多为70后生人，60后亦有一定占比。在20—30岁时，他们幸运地开启了一个全新的行业，这是时代赋予的机遇，让后来的从业者无法企及。

在性别构成上，首批基金经理多为男性，仅有宝盈基金首任基金经理方晔是女性。随着行业的壮大和发展，越来越多的女性选择了基金经理这一职业。

在学历的构成上，公募基金行业一开局就显示出对高学历、高素质人才的诉求，首批基金经理毕业于清华大学、北京大学等国内知名高等院校以及海外名校的不在少数，其中包括数位高考状元。在首批基金经理所学专业的构成上，金融专业占比反而不多，管理、自动化、电子、物理、化学等理工学科背景的基金经理居多。

不过，刚起步的公募基金公司对基金经理的学历要求并不死板，主要看是否有真才实学。毕竟，一切都是从头开始。中国首个基金经理徐智麟就曾谦卑地说道："如果是现在，像我这样非财经科班背景的，去基金公司应聘肯定会被拒之门外。"

二、第一代基金投资与研究

首只公募基金——基金金泰成立后，建仓迫在眉睫。基金经理徐智麟回忆1998年3月27日基金金泰正式交易实况时说道："下午1点钟一开盘，我就发出了买入指令。买的股票都是此前反复研究过的，主要有虹桥机场、上海汽车等一批上海本地股。"

"当时市场环境不好，股市持续下跌，但缺乏避险工具，而仓位又有最低限制，因此赚钱非常难。因为是新兴市场，还处在成长过程中，就像3岁的孩子，走路肯定会摔跤的。”徐智麟在一次采访中说。

首只基金成立不久，利空消息纷至沓来。从外围市场来看，美国股市下跌、多国汇率震荡、俄罗斯债务危机爆发，国际大空头们倾巢而出，全球股市暴跌。从国内情况看，长江流域发生特大洪水，全国共有29个省市受灾。

国际金融危机过后，中国的经济前景炎凉不均，外需低迷、内需不足、产能过剩。内外利空夹击下，恐慌情绪弥漫于A股市场。1998年8月6日，上证综指从1 312.6点开始下跌，一路下跌到8月18日收盘的1 043.02点，A股千点保卫战迫在眉睫。

当时的A股市场投机炒作氛围浓厚，市场主体是以散户为主的个人投资者，机构投资者尚不是主流，个人投资者热衷消息股和短炒，各种庄股横行。公募基金作为当时规范机构投资者的代表，大部分坚持了以基本面为导向的价值投资理念。

但总的来说，当时整个资本市场的投资研究都处于较初级的阶段。券商是当时金融行业最先进的行业，但除了君安证券等少数公司有研究所和较为成熟的研究体系，其他大多数券商的投研并不成体系。

公募基金行业投研体系建设的起点可谓不低。国泰基金和南方基金当时均组建了研究员队伍，搭起了股票池，从基本面对拟投资的股票有了一个初步的筛选。

王宏远在回忆公募基金早年的投研状况时说：当时的南方基金投资研究部，是行业研究和区域研究相结合，行业研究是研究公司，区域研究实际上是社会背景调查，两方面结合。

当时，一个研究员负责1—2个行业研究，主要是实地调研。与现在不同的是，那时的上市公司并不理解和欢迎基金研究员调研，研究员需要动用一些私人关系才得以成行。但研究员们后来发现，与其直接去找关系调研，得到的信息有实有虚，不如深入工厂、矿区，到企业的第一线，通过拜访相关行业企业获取的基本面信息更为准确，比如一些知名企业股价大幅上涨，但上涨逻辑与常识背离，去上市公司调研时得到的都是正面信息，当找到同行业或一些科研机构、行业上下游企业后，会发现事实与上市公司的自我描述有很大的背离。

当时，基金研究员还需要做“区域研究”。每个研究员负责一个大区，研究员要和大区内的当地经济管理部门、券商营业部等联系。由于当地人员对上市公司现状非常了解，通过沟通交流研究员可以把一些明显讲故事、股价表现和公司基本面不匹配、明显违背常识的企业首先筛选掉，拿到更为精准客观的一手信息。

三、第一代基金公司总经理与基金投资

2000年末，首个资产规模破百亿元的基金公司诞生了，博时基金资产规模达到了117.41亿元。2001年末，华安基金以117.56亿元、华夏基金以100.62亿元的资产规模也晋级了百亿基金公司序列。

经过发展初期，公募基金公司开始进入竞争的跑道。基金公司总经理从一开始就是公司内部举足轻重的角色，像是奔跑的领头羊，他们要对整个公司负责，包括投资和经营。

首批基金公司总经理绝大部分是由公司的大股东派出。由于商业银行、保险公司、实体企业均不能参与基金公司发起，1998年至2001年成立的基金公司，发起股东主要是证券公司和信托公司。

来自证券公司和信托公司的首批基金公司总经理有国泰基金董事长陈勇胜，1997年12月他代表国泰证券筹建国泰基金并任总经理，2017年接任董事长职务，至今仍坚守基金行业；南方基金首任总经理熊双文也是代表南方证券筹建南方基金；范勇宏则代表华夏证券筹建华夏基金；华安基金首任总经理韩方河则是上海国际信托投资公司证券总部副总经理；易方达基金首任基金经理叶俊英曾是广发证券投行部总经理；嘉实基金首任总经理洪磊则代表大股东北京证券筹建嘉实基金；宝盈基金的首任总经理刘京湘是外贸信托原

总经理。

首批基金公司总经理的另一个来源是证券监管部门，如中国证监会及其派出机构、证管办等。除此之外，还包括沪深证券交易所、证券登记公司的从业人员。比如博时基金的首任总经理肖风曾在人民银行深圳分行、深圳市证券监管办公室工作，融通基金首任总经理吕秋梅曾任职于人民银行总行。

表3-1 1998—2001年成立基金公司总经理名录

基金公司	获批日期	成立日	首任总经理
国泰基金管理有限公司	1998/03/05	1998/03/05	陈勇胜
南方基金管理有限公司	1998/03/03	1998/03/06	熊双文
华夏基金管理有限公司	1998/04/09	1998/04/09	范勇宏
华安基金管理有限公司	1998/04/23	1998/06/04	韩方河
博时基金管理有限公司	1998/07/13	1998/07/13	肖风
鹏华基金管理有限公司	1998/12/22	1998/12/22	员瑞恒
嘉实基金管理有限公司	1999/03/25	1999/03/25	洪磊
长盛基金管理有限公司	1999/03/23	1999/03/26	张佑君
大成基金管理有限公司	1999/04/12	1999/04/12	龙小波
富国基金管理有限公司	1999/04/13	1999/04/13	李建国
易方达基金管理有限公司	2001/04/17	2001/04/17	叶俊英
宝盈基金管理有限公司	2001/05/18	2001/05/18	刘京湘
融通基金管理有限公司	2001/05/22	2001/05/22	吕秋梅
银华基金管理有限公司	2001/05/28	2001/05/28	余楠
长城基金管理有限公司	2001/12/27	2001/12/27	汪滨

早期基金公司总经理对投资具有较强的话语权，这是由于他们中的不少人此前在证券公司和信托公司就担任高管，具有投资经验，因此在基金业起步初期，大部分公司都是总经理兼任投资决策委员会的主席，有的还兼任风

险控制委员会主席，而投资决策委员会、风险控制委员会是证监会要求基金公司必须设立的两个专业委员会。

华夏基金原总经理范勇宏在《基金长青》一书中曾写道："1998年投资决策委员会只有我和副总经理戴勇毅两人，层级非常少，投资决策非常快。1999年初，华夏基金正式成立了基金投资决策委员会，我为投决会主席。主要职责是制定基金总体投资计划、投资策略、投资目标、控制基金总体仓位、投资组合比例等，委员会由公司总经理、主管投资副总经理、投资总监和基金经理等人组成。"

类似华夏基金的投决会组成结构非常普遍，早期基金公司投资决策委员会成员某种意义上和总经理办公会的组成接近、甚至重叠，大部分都是由总经理和副总经理、各部门高管组成的。在行业初期，一部分基金经理的独立性和话语权与现在相比有所差距，因此行业在探索与成长的过程中，各种问题逐步涌现。比如，投决会席位被一些非投资部门人员占用，干扰了行业配置、个股选择、股票仓位等具体投资决策，影响了基金投资的专业性。

此后，从少数基金公司，到多数基金公司，再到绝大部分基金公司，开始改革投研体系。现在，大部分基金公司的总经理已不再是投资决策的核心人物，以基金经理为代表的投资人员在投决会拥有绝对的话语权。

四、5·19行情中的基金

公募基金诞生一年多后，市场第一波来势汹汹、积蓄已久的暴涨行情来临。由于这轮长达两年、上证综指翻倍的行情起始于1999年5月19日，因此被称为"5·19行情"。自此之后，以日期来命名市场的暴涨或暴跌，成为了中国股市的惯例。

1999年5月19日，在科技股的带动下，上证综指从1 100点开始，在不到两个月的时间里涨到1725点的高点，多只网络科技股非理性上涨。2000年春节过后，上证综指再创新高，并在2001年6月14日达到最高点2 245.44点。

5·19行情造就的牛市时间长达两年，随后市场转熊。

5·19行情的爆发是多个因素造成的。一是宏观背景。1998年的东南亚金融危机使东南亚多国遭受重创，当时市场对中国的经济基本面亦有隐忧，主要集中在人民币是否会贬值、股市是否会下跌两方面。

二是经过前期的大幅下跌，市场估值处于理性的合理区间。

三是政策的推动。除了基本面之外，中国股市历来对政策是非常敏感的。5·19行情前，证监会向国务院提交了《关于进一步规范和推进证券市场发展的若干政策的请示》，相关监管机构也在酝酿出台一系列关于支持资本市场、支持证券市场发展的政策。

种种因素推动下，1999年5月19日下午，A股午盘突然被蜂拥而至的资金推高，指数直线拉升，原本不温不火的A股突然井喷，气势如虹。当天股票全线上涨，成交量翻倍，多只股票涨停。

5·19行情是中国公募基金行业成立以后经历的第一次大牛市，在5·19行情之前，公募基金重仓的价值股票不被市场认同，受到其他投资者的抛弃，整个行业的情绪处于低点。

从5·19行情开始，公募基金没有踏空行情，不负众望，打了一个漂亮的战役。

5·19行情坚定了公募基金的价值投资方向，这也是中国资本市场第一次接受价值投资理念洗礼。

但根本的原因是，公募基金在5·19行情前持续布局了一批基本面良好、基于价值投资逻辑选出的股票，使得公募基金成为这轮波澜壮阔行情的最大受益者。

在5·19行情之前，公募基金重仓的价值股票不被市场认同，甚至受到其他投资者的抛弃。由于基金收益表现不理想，整个行业发展低迷。5·19行情坚定了公募基金的价值投资理念。基金重仓的股票一时成为市场追逐的焦点。

当时，多家券商因挪用保证金、坐庄等问题面临整顿。相比之下，公募基金负责任的机构投资者形象渐入人心，逐步成为市场主导者和引领者。

五、基金黑幕与规范投资

2000年10月出版的《财经》杂志封面图片是一个带着墨镜的男子，镜片两侧分别是红和绿两色股票的分时交易图。

而封面上“基金黑幕”四个大字，以及左下角“一份前所未见的分析报告，揭露证券投资基金令人震惊的现实”一行字，预示着这期杂志内容将给基金行业带来暴风骤雨。

报道的起因是《财经》杂志拿到了一份上交所监察部赵瑜纲写的《关于基金行为的研究报告解析》的报告。这份报告分析了1999年8月9日至2000年4月28日期间，“老十家”基金公司管理的22只证券投资基金在上海证券市场上的大宗股票交易记录，得出基金有大量违规、违法操作事实的结论。

这篇名为《基金黑幕》的文章，内文用六个小标题拆解了赵瑜纲的报告：（1）“基金稳定市场”——一个未被证明的假设；（2）“对倒”——制造虚假的成交量；（3）“倒仓”——更能迷惑人的操纵行为；（4）“独立性”——一个摇摇欲坠的幻觉；（5）“净值游戏”——不仅仅是表面的欺瞒；（6）“投资组合公告”——信息误导愈演愈烈。

文章发表后引起了轩然大波。很快，10月16日，“老十家”基金公司在证券三大报上联合发表声明，指出《基金黑幕》一文选取的样本数据并不准确。“老十家”基金公司表示：“证券投资基金在中国的发展虽然只有两年多的时间，但由于起点较高，中国的基金管理公司已经是国内监管最严格、制度最完善、透明度最高的投资机构之一，我们的业务都是严格按照法律法规的要求进行的。”

在基金公司发表联合声明半个月后，经济学家吴敬琏在10月29日接受了中央电视台《经济半小时》的采访，反击十大基金公司的联合声明，再次引发热议。

之后，时任证监会副主席高西庆发表评论："最近一个时期，由基金监管引发了对证券市场监管的各种各样评论，我们非常重视这一问题。要看到，中国的证券市场与任何国家的新兴市场都不一样，不可能一步到位，一下子把所有事情都做好。我们承认，目前中国证券市场与大多数成熟市场存在相当大的差距，因此当前最重要的就是加强监管，制定一系列行之有效的方法保护投资者利益，进一步强化信息披露，提高市场透明度，加大力度查处和打击内幕交易、操纵市场、欺骗投资者的行为。"

时任证监会主席周小川也公开表态，欢迎新闻媒体和报纸杂志对证券业、资本市场发表意见，同时表示，监管部门对于调查属实、确有证据的违规行为一定会给予依法处理。

当年年底，证监会组织开展对基金公司证券交易行为的全面检查，并于次年初发布检查报告。通过检查，证监会发现，10家公司中有8家进行过"异常"的交易操作行为，其中一家基金公司的异常交易尤其突出，涉嫌操纵股价进行证券欺诈。证监会在2001年3月对这家基金公司依法立案调查，而后对相关人员作出了处罚决定。

至此，沸沸扬扬的"基金黑幕"纷争暂告一段落。"基金黑幕"事件对整个基金行业造成了严重的影响，在这之后，国内很长一段时间没有成立新的基金公司，更没有新基金发行，整个行业处于停滞状态近两年。

但是，正是在"基金黑幕"事件的鞭策下，中国基金业在规范化发展道路上走得更为稳健，中国基金业走上了法制、规范和稳健发展的轨道。

本篇参考文献：

[1] 范勇宏. 基金常青 [M]. 北京：中信出版社，2013.

[2] 理财不二牛. 公募基金冠军史：20年 24人的故事 [EB/OL].（2019-01-15）. https://finance.sina.com.cn/money/fund/jjyj/2019-01-15/doc-ihqfskcn7446982.shtml.

[3] 李玫. 61.56%骄人业绩 开元基金老总谈制胜法宝 [EB/OL].（2001-01-09）. http://finance.sina.com.cn/t/31753.html.

本篇作者介绍：莫莉，现就职于公募基金公司，前财经媒体人，曾就职于大智慧通讯社、《财经》杂志、和讯网。

第四篇
第一次大牛市

[编者按]

从2005年6月6日到2007年10月16日，在不到两年半的时间里，上证指数从998.23的日内低点，一路上探至6 124.04点，创下了A股至今难以逾越的高峰。在本篇中，作者王艳伟带我们回到了那段激情燃烧的岁月。

毫无疑问，6 124点是一个巨大的泡泡。8年后，当人们开始遗忘它的时候，A股又悄然用杠杆吹起了另一个大小相若的泡泡。文中描述的全民疯抢基金的现象，在2015年又上演了一次。每次繁华过后，受伤的总是投资者。

一直以来都有“基金赚钱，基民不赚钱”的说法，这是有数据佐证的。买卖时点不当、频繁交易是导致基民投资体验不佳的重要原因。

市场机构有没有责任？当然有。但作为投资者，我们首先要学会为自己的投资负责——光会选基金还不够，还需要把握好买卖时点，在交易层面培养好的习惯。

第一，不在高位站岗。当你听到周围所有人（包括你认为绝不可能投资股票的人）都在谈论股票，并且新基金发行异常火爆的时候，应尽量避免申购。这是被市场无数次证明，但又无数次被人们忽视的一条真理。

第二，控制心理偏差。我们买入短期净值大幅上涨的基金，以为短期优异收益可以复制，这是锚定（Anchoring）偏差；我们频繁调换基金，以为自己眼光独到，可以逮到那只短时间翻倍的明星基金，这是过分自信（Overconfidence）偏差；我们踏着市场的节奏申赎，随情绪起舞，却往往落得个追涨杀跌的下场，这叫过度反应（Overreaction）偏差。与人性弱点的对抗，是投资者一项严肃的事业。

第三，坚持长期投资。这是老生常谈的话题。这里推荐实现长期投资的最好方法——定投。关于定投的本质和好处，我们以后结合文章的内容再说。

股权分置，是中国资本市场的特定历史产物。2005年以前，国有股、法人股、社会公众股“同股不同权，同股不同利”，这一矛盾如达摩克利斯之剑，一直高悬于中国股市头顶。

2005年5月，在经历了几轮方案意见征求后，股权分置改革启动，平等的协商表决机制得到了投资者的真正认可，也推动A股市场由此掀起波澜壮阔的大行情。

在这场股改大潮推动下，公募基金迅速发展壮大。对资本市场而言，公募基金是最为重要的机构投资者；对上市公司而言，公募基金是不可忽视的流通股东；对老百姓而言，公募基金是发财致富的“捷径”。

是的，对于多年来手握闲钱却投资无门的老百姓来说，这次牛市让他们看到了致富的曙光。在银行门口彻夜排队抢购基金，是当时的常见景象；一批年轻的基金经理在牛市中成长，成为人人艳羡的“天之骄子”；公募基金持股市值在A股流通市值中的占比一跃而起，由2004年末的13.59%直线上升到2007年末的26.50%。

一、股改中的基金

据Wind资讯统计数据，2004年末，A股上市公司总股本为6 584亿股，其中非流通股份4 184亿股，占比超过63%。股权分置问题，已经到了不能不改的程度。

2005年4月29日，在“五一”小长假前夕，证监会发布了《关于上市公司股权分置改革试点有关问题的通知》，宣布股改正式开始。上市公司不股改就不能再融资，大股东必须让渡利益，股改方案须征得三分之二以上流通股股东同意，这些要求促使上市公司放低姿态，与流通股股东协商股改对价。

5月9日，“五一”小长假结束，股市开门，三一重工、清华同方、紫江企业、金牛能源因股改宣布停牌，但市场并未对股改给出积极回应，上证指数在此后近一个月里持续下跌，6月6日跌破1 000点，创出熊市新低。

股改迎来最具挑战性的阶段，时任证监会主席尚福林公开表态支持股改，“开弓没有回头箭，必须搞好”。紧要关头，基金被放在了重要的位置上。事实上，个人投资者数量庞大、地域分散，上市公司显然难以与其一一沟通。而彼时，公募基金已经是最大的流通股股东，截至2004年末，公募基金持股市值总计1 597亿元，在A股流通市值中的占比约为14%。因此，对于股改试点方案，基金掌握着绝对的话语权，基金的态度直接决定股改能否成功。自然，基金作为中小投资者的利益代表，成为上市公司股改中最重要的谈判对象。

6月5日，在第29次基金业联席会议上，尚福林表示，基金管理公司一定要从资本市场的发展大局和基金行业持续发展的高度，充分认识改革对基金行业长远稳定发展产生的积极影响，共同推进资本市场的改革，实现证券市场和基金业发展的良性互动。

由于基金的积极参与，三一重工、长江电力、宝钢股份等上市公司相继调整方案，提高对价支付标准，使其更加符合流通股股东意愿。

但在这过程中也传出个别基金经理的索贿丑闻，并引发了关于基金投票权的一些争议。有人认为基金份额持有人与基金管理人之间是信托关系，基金管理人无权对股改这一涉及持有人特别重大利益的事项进行独自决策，而应将决策权交由基金份额持有人大会。另一方则认为，基金管理人作为受托人，有权代行基金的各项股东权，但投票权应归属基金公司投资决策委员会而不是基金经理个人。

8月30日，第30次基金联席会议在北京举行。这次会议上，证监会提出，要“规范、慎重”地配合股改，基金对于一家上市公司股改方案的投票，应该有科学的决策流程，由公司层面如投资决策委员会决定，而不能仅由基金经理决定。

此后，股改逐渐全面铺开，拥有大量表决权的基金公司找到了当“甲方”的感觉。上市公司为了股改方案顺利通过，以各种方式和基金公司、基金经理沟通。最忙的时候，基金公司一天要接待几批股改公司高管及股东代表的拜访。

在对上市公司股改方案的表决中，基金投票以赞成票居多，但有时也展现出强势的一面。

2005年10月，在西山煤电的股改相关股东会议上，其最大流通股股东易方达基金管理有限公司旗下的8只股票型基金及其管理的社保基金一零九组合、六零一组合集体投下了反对票。最终，该公司股改方案仅以超过规定比例1.27%的微弱优势勉强过关。

12月，银华基金、博时基金和华夏基金对三爱富“10送2.5股”的股改方案集体投下反对票，最终该方案因流通股股东的赞成率只有44.7%而被否决。这也使三爱富成为首家因遭到基金公司反对而被否决的上市公司。

还有媒体报道了当时美的创始人何享健带队拜访大成基金时遭炮轰的场面。基金经理当面呛声何享健：“如果美的过去投资者关系做到位的话，现在股改的对价谈判根本不会这么困难，美的的关联交易不断、资本市场形象不好，希望能吸取教训。”在股改以前，这些都是不可想象的。

而市场对股改的反应也由开始的质疑、担忧，逐渐变得坚定、乐观。对于股改前后流通股股东与非流通股股东之间的关系，市场人士形象地形容为从原来的“同床异梦”变成了“同舟共济”。截至2006年末，沪深两市共1 301家上市公司已经完成或者进入股改程序，占应股改公司的97%。

随着股改进程的加快，A股迅速回暖。2006年，上证综指从年初的1 163点涨至年末的2 675点，全年涨幅超过130%。在2006年末召开的中国金融论坛上，尚福林把股市向好的原因归结为股权分置改革等系列基础性工作，认为股改已经基本完成，取得了显著效果，并称我国资本市场正在发生“转折性的变化”。

至此，基金完成了其在特殊时期的历史使命。在与上市公司大股东沟通博弈的过程中，基金赢得了上市公司的尊重，为未来的发展打下了良好的基础。伴随A股的上涨，基金业绩大幅提升，得到了普通老百姓的追捧。

而A股这头沉睡已久的牛，则在2007年里继续狂奔，上证综指最高探至6 124点，成为至今仍无法企及的高点。

表4-1　公募基金持仓市值占比变化

类别	基金持股市值（亿元）	A 股总市值（亿元）	A 股流通市值（亿元）	基金持股市值占 A 股总市值比（%）	基金持股市值占 A 股流通市值比（%）
2008 年年报	9 208.16	121 366.44	45 213.90	7.59	20.37
2008 年三季报	10 605.10	148 163.98	50 016.64	7.16	21.20
2008 年中报	13 102.40	178 035.10	59 625.45	7.36	21.97
2008 年一季报	17 842.25	226 788.99	76 449.39	7.87	23.34
2007 年年报	24 661.46	327 140.02	93 064.18	7.54	26.50
2007 年三季报	23 230.08	253 157.00	85 555.73	9.18	27.15
2007 年中报	12 914.68	166 232.00	55 572.77	7.77	23.24
2007 年一季报	7 471.32	128 032.45	38 971.92	5.84	19.17
2006 年年报	4 796.26	89 403.52	25 003.31	5.36	19.18
2006 年三季报	2 705.65	52 282.20	17 993.63	5.18	15.04

续表

类别	基金持股市值（亿元）	A 股总市值（亿元）	A 股流通市值（亿元）	基金持股市值占 A 股总市值比（%）	基金持股市值占 A 股流通市值比（%）
2006 年中报	2 148.12	44 200.17	16 748.67	4.86	12.83
2006 年一季报	1751.01	35 341.18	12 433.95	4.95	14.08
2005 年年报	1 737.10	32 430.15	10 629.91	5.36	16.34
2005 年三季报	1 629.63	33 367.04	10 692.51	4.88	15.24
2005 年中报	1 605.17	32 110.08	10 151.74	5.00	15.81
2005 年一季报	1 618.74	34 802.59	10 996.49	4.65	14.72
2004 年年报	1 596.75	37 209.23	11 746.76	4.29	13.59
2004 年三季报	1 574.04	41 407.97	13 039.39	3.80	12.07
2004 年中报	1 233.44	40 581.82	12 671.24	3.04	9.73
2004 年一季报	1 216.54	50 417.42	15 855.94	2.41	7.67

数据来源：Wind资讯。

二、牛市里的疯狂

股市里本就没有级别，没有阶层，资本面前人人平等，股改后A股市场实现了同股同权，重新焕发生机，得到了空前的发展。伴随股改，沪深两市总市值从2005年的3.2万亿元左右一路走高，到2007年末已达32.7万亿元，增长约10倍，A股市场也一跃成为新兴市场最大、全球第四大资本市场。

上涨的理由有很多，包括流动性过剩、人民币升值、五年熊市的报复性反弹、全流通时代到来、上市公司业绩增长、资本市场的游戏规则逐渐完善，等等。总之，这场前所未有的大牛市点燃了大量中小投资者的入市热情。

A股飙涨，基金创造财富神话，吸引更多投资者认购，基金建仓再助推A股，2006年和2007年里，A股市场进入良性循环发展阶段。在这背后，是数以亿计的新股民和新基民。中国证券登记结算统计年鉴数据显示，2006

年，投资者新开A股账户308.35万户，较上年增加222.57万户；新开基金账户225.96万户，较上年增加188.93万户。2007年，投资者新开股票账户更是大幅增加，全年新开股票账户约3 829.37万户，期末股票账户数达到1.13亿户；全年新开基金账户2 227.97万户，期末基金账户总数比上年增长了近6倍。

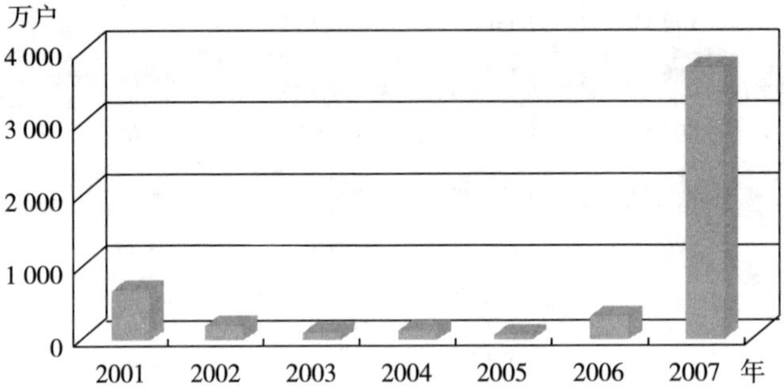

图4—1　沪深两市新增A股账户数

认购基金的资金像洪水般涌来。Wind统计显示，混合型基金的平均发行规模，在2005年第四季度仅为12.76亿份，到2006年第四季度已涨到75.33亿份，在2007年第二季度又跃升至94.94亿份。

巴菲特曾说，拥有一只股票，期待它下个早晨就上涨是十分愚蠢的。但当时抢购基金的人们，却都抱着一夜致富的心态。彼时网上银行还未普及，投资者依然习惯于到银行柜台开户申购，尤其是工行、建行等基金托管大行，基金业务激增，各个银行网点每天都有投资者排着长队办理基金开户事宜。同时，早期的新基金首发实行“先到先得”，因此在新基金发行时银行更是人满为患，还有很多人赶在银行开门营业前便提前排起长队，成为牛市一景。

在2007年初的“晨星（中国）2006年度基金经理奖”颁奖大会上，央视财经评论员老姜还在台上调侃两位基金公司高管：“听说现在买基金，要找你们批条子了，是吧？”

在老姜发出这句调侃前，A股的上涨正不断刷新着人们的预期和认知，更刺激越来越多的人加入其中。2006年5月，沪指向上突破1500点；11月20日，便踏上2 000点，回升到5年前的水平；到2006年末，又跃至2 675.47点，刷新历史记录。基金发行神话也不断上演，发行节奏越来越快，首发规模越来越大，认购期越来越短，一批百亿元规模的偏股型基金纷纷亮相。

2006年5月，广发策略优选在短短8个交易日里募得184亿元资金，成为有史以来首发规模最大的偏股型基金。2006年11月后，规模达百亿元的基金接连登场，南方绩优成长、华夏优势增长、工银瑞信稳健成长等，发售规模分别达到124亿份、141亿份和122亿份。而它们创下的中国基金“发行时间最短”记录，很快就被12月7日发行的嘉实策略增长基金打破。嘉实策略增长一天就卖出419亿份。嘉实基金管理有限公司也由此一举成为国内首家资产管理规模超千亿元的基金公司。

嘉实策略增长基金的发行成为牛市集体疯狂的标志性事件。嘉实基金也始料未及，连夜紧急开会增加基金经理，组成四人基金管理小组，也是首开行业先河。

数据显示，2006年全年，仅新基金的发行量就超过4 046亿元，接近前5年的总和。基金也创下前所未有的财富神话，偏股型基金当年平均收益超过122%，超过八成基金的收益率超过100%，最高的景顺长城内需增长基金全年收益达182%，成为2006年全球最牛的基金。

表4-2　2001—2007年新成立基金情况

年份	总数（种）	发行份额（亿份）	平均发行份额（亿份）
2001	5	157.26	31.45
2002	17	527.95	31.06
2003	43	852.72	19.83
2004	55	1 730.18	31.46
2005	55	1 018.21	18.51
2006	88	4 046.44	45.98
2007	37	3 960.04	107.03

数据来源：Wind资讯。

由于牛市来得太快，基金的投资者教育工作尚在起步阶段，许多投资者对基金的风险收益特征完全不了解，就盲目加入抢购基金的队伍，不买高净值的基金、不买不分红的基金，成为当时投资者的普遍心理。

当时监管层对基金实行严格的审批制，每家基金公司每年只能发行两只基金。在新基金数量有限的情况下，基金公司也想办法对旗下的老基金进行持续营销，尽量做大规模，基金复制和基金拆分等各种营销手段在此时登台，成为当时基金市场上的一大特色。

专栏4–1

基金复制，是指基金公司选择一只业绩好、市场认可度高的基金作为母基金，再发行一只与其投资方向、投资目标、投资策略、风险偏好、运作方式和基金经理完全相同的复制基金。

这些营销噱头很受市场欢迎。2006年7月，第一只复制基金——南方稳健成长贰号在三周的发行期里募得超52亿元资金，此后易方达基金管理有限公司、景顺长城基金管理有限公司、华夏基金管理有限公司、博时基金管理有限公司、海富通基金管理有限公司也先后发行复制基金。

富国基金则选择了份额拆分的营销手段，2006年7月17日，富国天益基金单位净值由1.6065元降为1.00元，同时将原先的1份拆分为1.6065份。这样，基金资产净值并未改变，但却吸引了大量投资者前来申购。广发基金管理有限公司、天弘基金管理有限公司、交银施罗德基金管理有限公司、鹏华基金管理有限公司等亦随后跟进。

但这波疯狂的抢购潮让监管层和基金公司也感到不安。于是，首发基金有了新的规则——限额发行、比例配售。

于是，一大批基金设定了100亿元的募集目标，包括建信优化配置、汇添富成长焦点、中海能源策略等，并且均在一天内便达到募集目标。2007年

3月，易方达价值成长发行，募集目标为110亿元，但仅仅一天时间，其收到的认购申请金额就超过194亿元，最终以56%的比例确认配售。12天后，同样以100亿元为上限的上投摩根内需动力，在一天里获得超900亿元资金的认购申请，确认比例低至11%。

几乎所有的股票都在涨，小道消息满天飞，大街上几乎人人都在谈论股票，央行数次加息、提高存款准备金，都没能阻挡股市疯狂上涨的脚步。2007年5月29日，A股摸高至4 335点。沉浸在牛市里的投资者没有想到，当晚，财政部宣布，将股票交易印花税率由1‰提高到3‰。5月30日开盘，上证指数直接跳空低开，跌幅达5.87%，数百只股票以跌停价开盘，直至收盘，两市共有853只股票跌停，上证指数暴跌281.81点，跌幅6.5%，深成指跌829.45点，跌幅6.16%。

这场暴跌让初涉投资的大量新股民和新基民品尝到了风险的滋味，但这只是牛市里的一个小插曲，下跌的个股以没有业绩支撑的小股票为主，基金重仓的蓝筹股大部分坚挺，对基金业绩影响不大；在震荡不到两个月后，A股重新开始向上狂奔，基金重仓股大都涨幅居前。这让“5·30”成为一块试金石，基金所倡导的价值投资理念被更多人所接受，更让许多股民纷纷把钱从股市转为投资基金。

“5·30”后，广发大盘成长、华宝兴业行业精选、景顺长城精选蓝筹等陆续发行，且认购申请金额均超过募集目标，比例配售成为新发基金的常态。

基金公司也对股市信心满满。2007年7月，华夏基金召开年中投资策略会，时任总经理范勇宏为了“图个吉利”，将会址选在了海拔最高的城市拉萨，当火车穿过海拔5 072米的唐古拉山口时，大家开玩笑说下半年上证综指也能突破5 072点，但A股显然比他们想象的更加牛气，8月24日，5 072点位被轻松跃过，10月16日，沪指最高探至6 124点，此时，遍寻A股已不见空头。

一片看涨声中，合格境内机构投资者QDII（Qualified Domestic

Institutional Investor）问世了。2007年6月，证监会发布《合格境内机构投资者境外证券投资管理试行办法》，正式放开券商和基金的QDII资格审批。

四只QDII基金在喧嚣中扬帆起航，试水海外股市。2007年9月12日，南方全球精选发售，认购规模491亿元人民币，远远超过了预定的150亿元人民币的规模。此后，南方基金向外汇局申请并获批追加额度至40亿美元，最终募集额度为300亿元人民币。

两周后，第二只股票QDII基金华夏全球精选首发，认购资金超630亿元人民币，亦超过其40亿美元的QDII额度，最终依据“末日比例”原则，确认了300亿元人民币。

随后，嘉实海外中国、上投摩根亚太优势认购资金陆续创新高，分别高达738亿元和1 162.61亿元人民币，狂热达到顶峰，上投摩根亚太优势的确认比例低至25%。

可当时很多投资者连QDII基金是什么都不知道，在他们眼里，“新基金都能赚钱”。此后不久，全球金融危机来袭，四只QDII基金净值迅速下跌，直到10年后才再次回到1元面值上方。

图4–2 南方全球精选成立以来净值走势

（数据来源：Wind资讯）

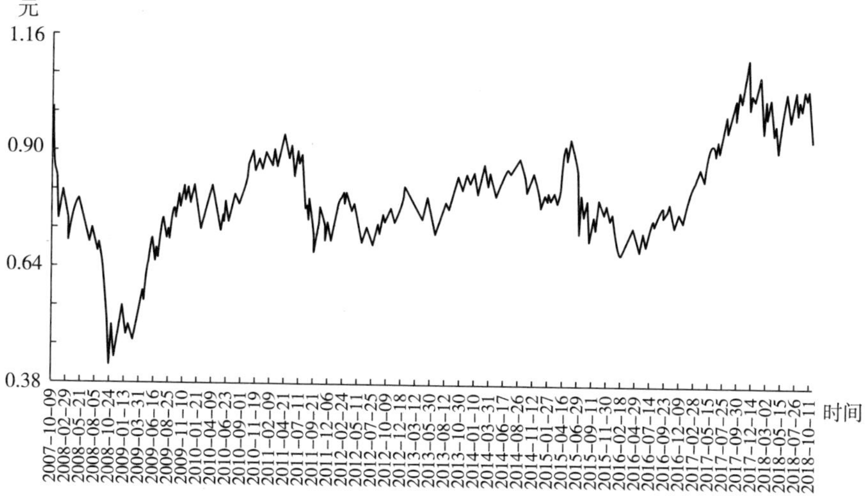

图4-3　华夏全球精选成立以来净值走势

（数据来源：Wind资讯）

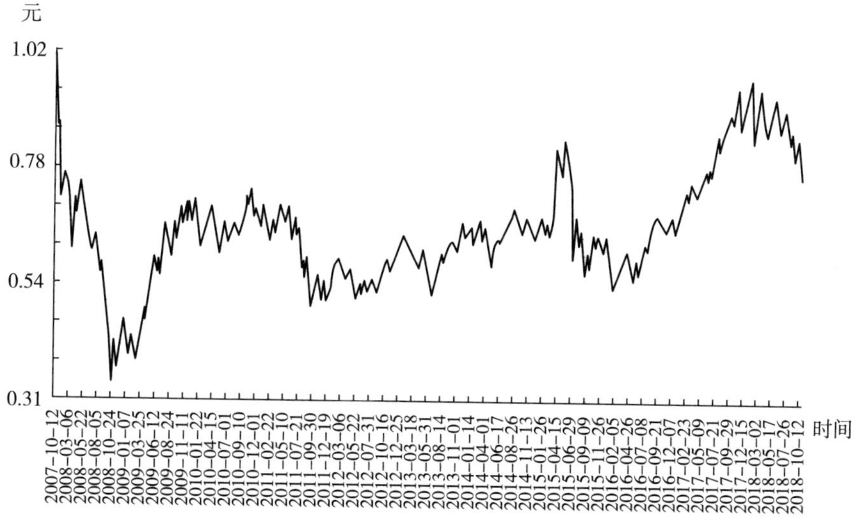

图4-4　嘉实海外中国成立以来净值走势

（数据来源：Wind资讯）

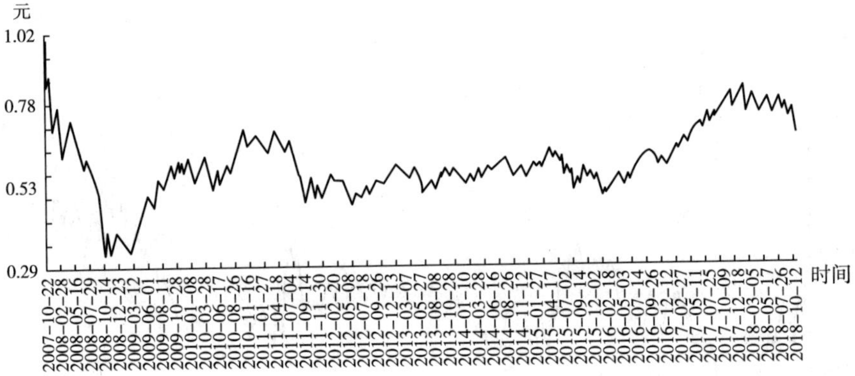

图4–5　上投摩根亚太优势成立以来净值走势

（数据来源：Wind资讯）

全球金融海啸，A股市场也未能独善其身。2007年11月5日，头顶“亚洲最赚钱公司”光环的中国石油上市，首日以48.6元的超高价开盘，当日收盘涨幅163.23%，成交金额近700亿元，超过深成指的成交总额。这成为A股从牛转熊的重要转折性事件，之后，中国石油股价开始一蹶不振，步入了漫漫熊途，套牢众多投资者。

公募基金的幸福时光戛然而止，行业格局也在牛熊转换间发生了变化。2007年末，华夏基金管理有限公司、博时基金管理有限公司、嘉实基金管理有限公司的资产管理规模全部超过2 000亿元，与南方基金管理有限公司、易方达基金管理有限公司一起成为“公募五虎”，并雄踞榜单多年，广发基金管理有限公司和景顺长城基金管理有限公司也借这次牛市进入十强，并树立了在权益投资领域的品牌。

表4–3　2007年末基金公司规模排名

公司名称	基金数量（种）	公募资产管理规模（亿元）
华夏基金管理有限公司	21	2 657.86
博时基金管理有限公司	13	2 215.85
嘉实基金管理有限公司	14	2 069.77
南方基金管理有限公司	14	1 929.54

续表

公司名称	基金数量（种）	公募资产管理规模（亿元）
易方达基金管理有限公司	14	1 721.69
大成基金管理有限公司	13	1 398.58
广发基金管理有限公司	7	1 377.23
华安基金管理有限公司	10	1 074.21
景顺长城基金管理有限公司	9	1 069.74
上投摩根基金管理有限公司	7	968.7

数据来源：Wind资讯。

三、明星基金经理

牛市创造了财富神话，也捧红了创造神话的人——基金经理。最红的当属王亚伟。

1998年，华夏基金还处于筹备期时，王亚伟就加入公司，并先后管理基金兴华、华夏成长。不过，在2005年之前，或许是因为股市行情较差，又或许是因为市场对基金关注度不高，王亚伟并未创造出让人过目不忘的骄人成绩。

2005年，王亚伟参加中国证券业协会组织的培训，3个月里和另外30名同学一起在学校学习，并参访了美国的一些金融机构。“美国之旅，让我能够跳出中国相对封闭的市场，从历史角度和国际视野来观察当时国内市场所处的阶段，让我能够静下心来，思索国内市场的发展方向。”王亚伟在接受媒体采访时这样表示。

无论如何，2005年成为王亚伟投资事业的重大转折点。回国之后，2005年12月，王亚伟接手管理华夏大盘精选基金，当年业绩尚在后20%；2006年，上证综指涨130%，华夏大盘净值增长率达154.49%，在118只基金中排名第12；2007年，华夏大盘的净值增长率高达226%，远远超过上证综指97%的涨幅，且在同类基金中高居榜首。华夏大盘精选也把当年的各种基金大奖拿了个遍，王亚伟成为“中国最赚钱的基金经理”。

当然，在随后2008年的暴跌和2009年的反弹里，王亚伟都在继续书写神话。2008年，在全球金融危机冲击下，A股大跌65%，华夏大盘净值却只下跌34%；2009年，A股反弹，上涨近80%，华夏大盘净值也大涨116%，并再次夺冠，王亚伟“公募一哥”的地位从此无人能撼。

另一位在牛市中名声大噪的基金经理是李学文。李学文管理的景顺长城内需增长基金，在2006年里以182.27%的收益率夺冠。李学文也是国内第一批基金从业人员，他相继在博时基金、中融基金、银华基金工作，2005年加入景顺长城后，李学文已是投资总监。

不过，夺冠后的李学文未能在2007年延续辉煌，当年9月14日，景顺长城发布公告称，李学文离职，此后，李学文逐步淡出公众视野。

还有一位资历深厚的投资基金是江作良。他早在1993年就进入资本市场，曾任广发证券投资自营部总经理，2001年加入易方达。易方达最早成立的基金，如基金科汇、易方达平衡增长，都由他管理。江作良也一度被称为“基金教父”。

江作良是国内最早倡导和实践价值投资理念的职业投资人，并在从业期间挖掘过苏宁电器、贵州茅台等优质个股。这些都成为股市中最广为人知的价值投资经典案例。在多年后接受媒体采访时，江作良认为，易方达之所以崛起，根本还是理念的问题。“易方达相信价值驱动。此前国内很少投资者关注价值投资，也不认为价值投资的方法可以赚钱，市场上相信的是消息、重仓和操纵。”

肖坚，在2001年易方达筹建时就已加入公司。在那之前，他奔波于香港、广州两地，既从事过信托业务，也从事过财务管理和项目管理，并在香港股市中亲身经历了东南亚金融风暴的冲击，因此，他对投资风险的认识更加深刻。

2003年12月，正值A股熊市，肖坚开始管理易方达策略成长，连续两年获得正收益。随即在2006年和2007年的大牛市里，该基金大放异彩，分别获得151%和133%的高收益。肖坚在易方达基金工作时间长达15年，是公司招牌，也是易方达“在长跑中胜出”的践行者。

与肖坚同样在广州的易阳方，则更是“长情”。2002年11月，易阳方作为广发基金最早的筹建人员之一，参与了广发基金的创办与组建工作；2003年末，广发基金推出旗下第一只产品——广发聚富，寓意为投资者聚集财富，为了做好开门红，广发基金选择易阳方作为这只基金的掌舵人。

2005年12月，易阳方开始管理广发聚丰，彼时广发基金已经扛起了价值投资的大旗，投资脉络日渐清晰。广发聚丰成为易阳方实践投资理念的平台，这一管就是12年，一直到2018年初，易阳方才卸任基金经理。

易阳方是真正把投资作为兴趣爱好的人。2011年8月，他被任命为广发基金副总经理，但依然坚持在投资一线，每一笔投资都亲力亲为。2018年，中证报还授予他“15周年金牛杰出基金经理”荣誉。

虽然公募基金行业有一批老将顶梁，但两年的牛市让基金规模迅速膨胀，基金经理青黄不接，一批从业仅三四年的年轻研究员被匆忙提到基金经理岗位，管理巨额资金，在牛市中迅速成长。

查理·芒格曾说他“不见40岁以下的年轻人”，意思是，他不相信一个不到40岁的人能成为真正的价值投资者。而当时全市场上年龄在38岁以上的基金经理占比仅四成，最年轻的还不到30岁。

天相投顾2007年末公布数据显示，以成立一年以上的基金作为样本，基金经理平均任职期限是1.3年；中国的基金经理普遍学历高、就业时间晚，大约1/3的人管理基金的经验不到一年，一半以上的是2年以下，接近3/4的人管理基金经验不到3年。

在买什么都涨的大牛市里，新手基金经理的管理业绩也不差。但在2008年股市潮水退去时，这些没有经历过熊市考验的基金经理，对突如其来的大跌完全没有防守之力，被熊市折磨得体无完肤。毕竟，投资中的艺术是需要时间磨炼和体会的。

无论如何，基金经理在牛市里收获了大量名气，拥有了大批追随自己的投资者。2007年，有一大批明星基金经理开始奔向充满更多诱惑和挑战的私募基金，掀起一波“离职潮”，如肖华、江晖、王贵文、吕俊、何震。他们离开公募行业，陆续成立了自己的私募基金公司：尚诚资产、星石投资、隆圣投资、从容投资、汇利资产。一时间，基金公司密集发布基金经理的离职、跳槽、内部调动公告，投资者对于自己持有的基金的业绩充满了担忧。

时任证监会基金监管部副主任的洪磊还在一次专访中特别为此安抚投资者，表示“一个基金的投资决策不是由一个人来完成的，而是由一个团队集体完成的”“基金经理只是基金投资管理流水线上的一个环节”“对基金经理的决策过程还有严格的投资纪律约束”“基金经理的操作能力只是影响基金业绩的众多因素之一”，等等。

一入私募深似海。这批“奔私”的基金经理，很快遭遇股市转熊，部分人因业绩太差而难以支撑下去，不得不将产品清盘；另外一部分人则挺过熊市，在私募基金界站稳了脚跟。

工商银行资产托管部副总经理肖婉如，多年来一直在公募基金托管一线，亲眼见证了众多明星基金经理的成长，她对那些由公转私的基金经理有特殊的感情，并曾公开表示，“公募基金不但开启了中国新的投资模式、投资理念，开启了价值投资先河，同时也培养了一批遵纪守法、合规、有社会责任感的投资管理团队和托管层面从业人员团队”“经过公募基金洗礼的基金经理，转入私募以后，我们对他们要放心很多”。

而一直留在公募基金行业的基金经理，如今许多都已成为公司高管。曾掌管419亿元规模的嘉实策略增长基金经理邵健，后升任嘉实基金副总经理（现已离任）；管理南方绩优成长的苏彦祝，现任创金合信基金公司总经理；管理易方达价值精选基金的吴欣荣，现任易方达基金副总裁……

“潮水退去后，才知道谁在裸泳。”巴菲特这句耳熟能详的投资名言，在2006—2008年的极速牛熊转换中体现得淋漓尽致。明星基金经理在牛市中被众多投资者所熟知，但在A股多年沉浮中依然如鱼得水、能被载入公募基金业史册的却不过数人而已。投资的未知之美也正在于此。

本篇参考文献：

[1] 证监会. 中国证监会负责人就启动股权分置改革试点问题发表谈话 [EB/OL].（2005-04-29）. http://www.csrc.gov.cn/pub/newsite/scb/gqfzg/200610/t20061031_70020.html.

[2] 陈辅. 基金：历练“超低空”飞行 [EB/OL].（2005-12-09）. http://www.ce.cn/securities/fund/jjgs/200512/09/t20051209_5544831.shtml.

[3] 张旭东，何雨欣. 尚福林. 中国资本市场正发生转折性变化 [EB/OL].（2006-12-26）. http://stock.jrj.com.cn/2006-12-26/000001882660.shtml.

[4] 王文清. 关注“嘉实策略增长”看419亿航母基金如何出牌 [EB/OL].（2006-12-18）. https://business.sohu.com/20061218/n247098548.shtml.

[5] 家路美. 富国天益探路基金分拆 降低净值缓和赎回压力 [EB/OL].（2006-07-04）. http://money.business.sohu.com/20060704/n244080393.shtml.

[6] 范勇宏. 基金长青 [M]. 北京：中信出版社，2013.

本篇作者介绍：王艳伟，前财经媒体人，曾先后在《第一财经日报》《中国基金报》《证券时报》任财经记者、编辑。

第五篇
第二次大牛市

【编者按】

在这篇里，作者王玥带我们回顾了第二次大牛市的豪情与悲壮。

与第一次牛市不同，始于2014年末的那波行情由杠杆推动。因此，行情来得更加波澜壮阔，去得更加摧枯拉朽，令人唏嘘不已。

杠杆即债务。实际上，经济体系中所谓的“钱”，大部分都是由债务形成的，我们生活在一个“债务驱动”的经济里。居民、企业和政府借入债务，完成消费或投资，再用收入清偿债务——周而复始，不断地驱动经济增长。

在生命周期的不同阶段，我们借助不同类型的债务——车贷、房贷、消费贷等，实现着人生的大小愿望，同时也引导着实体经济去生产我们需要的产品。

甚至，有时候为获取更高的回报，我们在股票投资中也加上了杠杆。

杠杆投资容易“越玩越大”。一开始只是借一点儿试试，但当股票一路上涨的时候，赚钱的喜悦会让人情绪高涨，不断突破杠杆的上限，最后导致不可承受的巨大损失。而在市场转向的时候，群体加杠杆的结果就是踩踏。

除了杠杆，第二次大牛市的看点实在太多——熔断、抱团、救市、停牌，魔幻程度不亚于近期美国资本市场的异象。让我们一起看看作者王玥对那个时期的精彩呈现吧。

大多数人投资的目的就是赚钱。这没有错。事实上，对利润的渴望是驱动市场及整体经济运转的重要因素之一。危险产生于渴望变成贪婪的时候，贪婪可以压倒常识、谨慎、逻辑、对过去教训的痛苦记忆以及其他所有可能令投资者远离风险的要素，而驱使其采取一切手段追逐高收益——包括杠杆——并最终付出代价。

“杠杆不会使投资变得更好，也不会提高获利概率。它只是把可能实现的收益或损失扩大化，这个方法还引入了全盘覆灭的风险。”作为巴菲特推崇的价值投资大师，美国橡树资本管理公司创始人霍华德·马克斯在《投资最重要的事》一书中反复提及对杠杆投资的看法。对于经历过2014—2015年牛市的中国投资者来说，他的话恰是一则盛世寓言。

一、从“吹猪上天”到“撬起地球”

正是在巨大杠杆的推动下，A股市场走出世界范围内独一无二的牛市，最终从“疯狂”冲向“魔怔”。

2014年7月，牛市启动了。A股主板、创业板及中小板全部实现上涨，上证指数从11月24日冲上2 500点后，到2014年末收盘的3 234点，仅仅28个交易日，暴涨了29.36%。速度之快，涨幅之大，令人咋舌。12月9日，A股更是创下12 665亿元的成交量。

牛市已不足以描述中国股市的疯狂，媒体开始把这轮暴涨称为“疯牛”。上证指数从连续三年全球表现最差的股指之一，华丽转身为全球股市的最大赢家。这轮涨势还推动中国股市的市值超越日本，成为仅次于美国的全球第二大股市。

2014年最重要的机会在主板，“二八”特征明显。所谓“站在风口上，猪都会飞”，2014年末的券商股、银行股、中字头大盘股的井喷行情使“猪和大象们”纷纷飞上天。

最重要的是，随着大盘指数快速上涨，投资者借助融资杠杆扩大收益的积极性显著增强，这轮超级“牛市”演变为“杠杆上的行情”。

一方面，A股市场的融资融券交易呈现爆发式增长，成为助推股指大涨的最大动力。2014年的最后两个月，两融余额甚至连续突破8 000亿元、9 000亿元和10 000亿元（12月19日，沪深两市融资融券余额总量达10 048.22亿元，首次突破万亿元大关），实现三级跳。Wind数据显示，截至12月24日，两融余额达到1.002万亿元，与2010年初相比，增幅高达188%。在两融冲击万亿元关口的过程中，逾三成两融标的股融资余额翻倍。

两融业务收入也迅速成为证券公司第三大创收利器，仅次于代理买卖证券业务净收入和证券投资收益。截至2014年末，华泰证券、国泰君安、广发证券、银河证券、招商证券、海通证券六家券商两融余额均超过500亿元，且有14家券商两融余额超过200亿元。

另一方面，场外配资成为市场中重要的参与资金。“伞状信托”等以往鲜为人知的杠杆化产品纷纷介入，不断催生“新型大户”。除此之外，还有些互联网P2P配资等新的商业模式也混入股票配资领域，抢夺市场蛋糕。据多位业内人士指出，当时市场配资的杠杆比例通常在1∶5左右，部分甚至达到1∶10。正是因为杠杆撬动的巨量资金持续入市，上证指数才能以全年52.87%的涨幅称霸全球。

面对疯狂的市场，新华社12月11日晚间连发四篇文章，措辞严厉地指出：“高杠杆上创造的神话将股市带入断崖式的风险之中。”四篇批评A股“疯牛”的文章分别为：《12月日均成交超9 300亿元 A股市值创新高》《连续天量成交 “谜一样”的A股巨资从哪里来？》《“只花1块钱能炒10元股？”——散户“借钱炒股”现象调查》及《短评：股市不能靠杠杆资金来创造“神话”》

新华社评论明确指出：“此次‘神话’的背后，是大量包括融资融券在内的杠杆资金在‘兴风作浪’。依靠融资杠杆进来的资金，在行情上涨时会加速上涨、在行情下跌时会加速下跌，杠杆资金只要见到风吹草动，就会出现撒腿就跑的情形。巨量资金过度依赖融资杠杆，而经济基本面难以支撑快速上行的‘疯牛’行情，如果后续资金跟进不足，一旦出现触发下跌的因素，股指回落的速度也会像上涨一样惊人。”

与此同时，证监会派出工作组对包括中信证券、银河证券、国泰君安、光大证券等在内的40家券商的融资总量和客户的融资杠杆比例进行检查；公布18宗股票操纵案公司名单；抓捕39名涉案“老鼠仓”的基金经理；宣布全面放开券商的牌照管制。银监会也发文，将开展为期半年的金融大检查，要清查银行信贷资金违规进入股市。

二、2015，见证奇迹的一年

2015年的首个交易日，A股百点长阳放量站上3 300点，当日涨幅达

3.58%，中小创个股开始鸡犬升天。之后市场经过较为平稳的一个周期，3月9日到6月12日，A股轰轰烈烈地展开历史上最牛主升浪，用68个交易日就完成了3 300点到5 178点的惊人跨越。Wind数据显示，A股这一阶段处于交易状态的2 702只股票中，共有2 700只实现上涨，仅2股下跌，上涨率接近100%，其中，2 320只个股涨幅超过50%，占比高达85.86%；1 281只个股股价翻倍，占比47.41%；一些中小创股票更是狂飙突进，暴风科技暴涨近29倍，龙生股份、乐凯新材、易尚展示涨幅超过10倍！

如果说2014年的行情是“主板牛”，2015年上半年最疯狂的就是中小创。在杠杆的作用下，5个月时间，创业板指数从1 400点暴涨至4 000点，不断刷新A股高价股记录，相继诞生全通教育、安硕信息、长亮科技等400元股票。截至2015年6月5日，创业板平均市盈率已经高达140倍。

2015年的奇迹不止于此。

2015年4月20日，中国A股出现“里程碑式的巨量成交”，两市合计成交额达到18 025亿元，其中沪市成交额历史性地超过10 000亿元。业内人士透露，中国所有的行情软件初始设计的成交量上限都是1万亿元，由于当天沪市单边成交额超万亿元，交易所只得停止更新，所有软件都停留在10 000亿元这个数字！之后的一个多月间，沪市有14个交易日当日成交额超万亿元！深市有6个交易日成交额超万亿元！

要知道，沪市1994年全年总成交额为5 626.73亿元；1995年全年总成交额为3 042.63亿元；1996年全年总成交额为9 020.24亿元。也就是说，在2015年第2季度，有些交易日市场一天的成交量就超过20世纪90年代一年总成交量的1倍甚至几倍！

“天欲让其亡，必先让其狂。”中小创的疯狂翻番和成交量的天量释放都说明市场中杠杆过高，已经非常危险。这一阶段，可以看到两融资金不断攀升。2015年5月20日，沪深两市融资余额高达20 057.39万元，首次突破2万亿元大关。6月18日，两融数据攀升至历史峰值2.27万亿元，场外配资客户资产规模合计近5 000亿元。

在股市赚钱效应的驱动下，2015年公募基金总体规模突飞猛进。

截至2015年末，公募基金资产规模达8.35万亿元，比2014年末增长3.82万亿元，创出历史新高。其中，易方达基金的全年公募资产规模增加3 573亿元，增幅高达171.11%，资产规模在基金公司中排名从前六升至前三，仅次于华夏基金以及此前依靠余额宝成为行业规模第一的天弘基金。在2015年初资产规模500亿元以上的基金公司中，9家公司年底资产规模实现翻倍；千亿元规模基金公司从年初的13家增至21家。

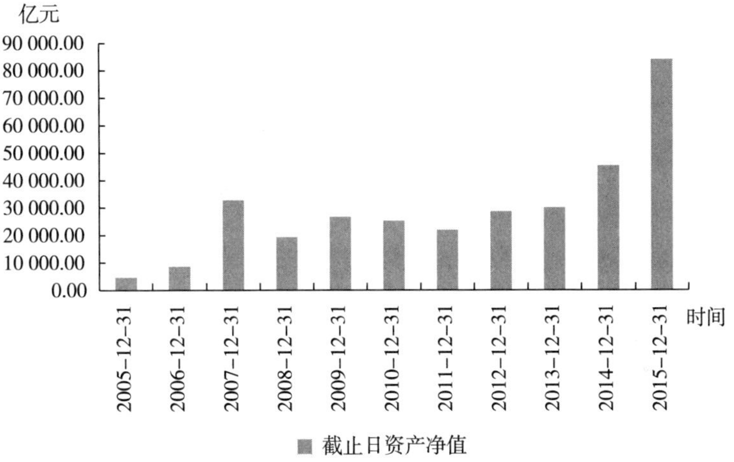

表5-1　2005—2015年度公募基金资产规模数据

（数据来源：Wind资讯）

推动基金规模迅猛增长的动力一方面来自固定收益类基金规模的爆发式增长。货币基金规模从2014年末的20 863亿元一举增长到2015年11月底的34 825亿元；到2015年12月底，货币基金达到44 832亿元，也就是说，2015年的最后一个月，货币基金规模增长近1万亿元。2015年，债券型基金规模同样翻番，增幅达102.06%。

另一方面，新基金发行井喷和股市的总体上涨带动基金规模自然增长，也对基金规模增量产生了巨大贡献。新基金史无前例的大量发行是2015年基金业的一大风景。无论是新成立的基金数量还是新基金的首发规模，都远超之前年度。Wind数据显示，截至2015年末，共成立基金822只，合计首发规模1.65万亿元。新成立的基金数量比2014年增长1.33倍；首发规模比2014年增长了3倍，超过了2012年到2014年三年的总和。

在所有基金公司中，易方达基金成为最大赢家。2015年，易方达共发行了21只公募产品，在如火如荼的市场中，2015年全年首发规模超过100亿元的基金达13只，易方达独占三席。其中，2015年4月27日成立的易方达新常态混合基金募集规模146.62亿元；2015年5月25日成立的易方达新丝路混合基金募集规模286.63亿元；2015年7月31日成立的易方达瑞惠灵活配置混合基金募资更是高达400.10亿元！

当然，百亿元基金的批量诞生，也成为牛市见顶的一个重要风向标。与股权分置推动的第一波大牛市殊途同归，疯狂的基金抢购潮后，市场出现全球范围内罕见的疯狂下跌。

三、“顺从市场”OR“业界良心”

华尔街传奇大作手李佛摩尔曾说过：大钱只有在大波动中才能赚到。无论最初发起大波动的原因是什么，事实是大波动能够持续，不是因为内线集团操纵或金融家进行欺骗而造成的结果，而是取决于基本形势。不管有谁反对，行情的波动都必定会按照其背后的推动力量决定的一样远、一样快、一样持久地展开。

一部分“顺势而为”的公募基金在2014—2015年的牛市中受益。

在2015年市场的诸多“奇迹”中，安硕信息（300380）榜上有名。该股于2015年5月8日封住涨停板，成为两市第一高价股，也使A股出现首只400元股票。之后的5月12日，该股再度涨停，股价报收469.70元。但同时，安硕信息也遭到质疑，其公募持股占流通股持仓比例高达42.27%。安硕信息背后的一家基金公司引起关注。

安硕信息2015年第一季报显示，前十大流通股股东全部为公募基金，其中该基金公司旗下某基金持股233.98万股，占流通股比例达9.68%，其旗下另两只基金分别排在第二和第三位，位列第七和第十流通股股东的仍然是该公司旗下基金。从数据来看，该基金公司旗下5只基金合计持股581.56万股，占流通的比例股达24.07%，占总股本的比例达到8.47%。

该基金公司“抱团持股”的标的并非安硕信息一只。2015年一季报信息显示，该基金公司旗下基金对15只个股的持股数占流通股股本的比例超过10%，被市场爆炒的安硕信息、赢时胜、万达信息等创业板个股均在其中。对中小创的集中持股加速了这些股票的暴涨，也使该基金公司旗下基金迅速登顶，实现了惊人的收益率，一时风光无限。

然而，市场普遍质疑这种“团炒”中小创的模式违反了基金投资规定中最重要的“双十限定”。根据2014年8月8日证监会出台的《公开募集证券投资基金运作管理办法》第三十二条，也就是俗称“双十限定”规定基金管理人运用基金财产进行投资，不得有下列情形，第一，一只基金持有一家公司发行的证券，其市值超过基金资产净值的百分之十；第二，同一基金管理人管理的全部基金持有一家公司发行的证券，超过该证券的百分之十。该基金公司回应时强调其“所有投资操作均合法合规”，因为“双十限定”指的是总股本的10%。这使人们怀疑“双十限定”的风险约束力。以极端的例子而言，当时确实有中小盘股票总股本3亿股，而流通股本仅1 500万股，流通股本占总股本比例仅约5%。也就是说，一家基金公司即使将其全部流通股本买入也是合规的，可以做到100%控盘。

基金的集中投资及市场的各种质疑引发了监管层的关注。最终，2017年3月31日，证监会发布《公开募集开放式证券投资基金流动性风险管理规定（征求意见稿）》（简称《规定》），总结经验教训，以加强公募基金流动性风险管控为核心，对“双十限定”进行了调整，对同一管理人管理的全部开放式基金持有一家上市公司发行的可流通股票，不得超过该上市公司可流通股票的15%。此外，《规定》还对同一管理人管理的全部投资组合（含公募基金和专户等组合）持有一家上市公司流通股做出30%的上限规定。《规定》旨在控制基金管理人全部组合的流动性风险，防范管理人利用持股优势实施市场操纵等违法违规行为。

成也萧何、败也萧何。回顾当年这一段“基金抱团公案”，有基金经理表示：即使是最好的投资者都会以收益来评判自己。用风险来进行评判很难，因为风险无法衡量。既然如此，汇添富的做法无可厚非。

但另一批公募基金大佬在投资者狂欢时发出了警示。2014年初曾高呼“特大牛市”的王宏远在2015年5月公开表示：“创业板、中小板泡沫将随时破灭。”前海开源基金率先开始控制仓位，进入整体战略防守状态。直到2016年春节前，前海开源基金旗下多数产品顶住压力，坚持低仓位运行，成功避开大跌。

疯狂的市场中，兴全基金表现得较为冷静。当然，稳健的基金公司在反常的行情中很难有突出表现。原兴全基金总经理杨东曾在2007年市场6 000点时以公开信的形式提示市场的潜在风险，成为中国首个、也是唯一一个劝基民赎回的公募基金总经理。2015年，兴全基金管理有限公司旗下几乎所有股票型基金又在一季报中表示了对市场热度的担忧和悲观情绪。在牛市中公开发表“看空”言论，是需要勇气的，特别是在当时狂热的气氛下。由于杨东的警惕，兴全旗下基金都降低了仓位，在之后的暴跌中回撤较小，排名在下半年迅速提升。银河证券基金研究中心数据显示，2015年，兴业全球基金公司平均股票投资主动管理收益率为66.67%，在74家基金公司中排行第十。

时隔七年两次看空，让杨东赢得了“业绩良心”总经理的美誉，后来杨东挂冠而去，这第二次公开“警示”就成为其对广大持有人的最后致意。2016年初，兴全基金一名专户投资经理再度“走红”——专户投资部副专户总监兼投资经理吕琪通过微信朋友圈提示：“建议客户赎回，今年本人管理产品大概率不能赚钱。”此后兴全基金官方表态称，吕琪的举动纯属个人行为。

四、“国家队”雷霆救市

股市如同一个大“资金池”，流动性如果短期内大进大出，就会在市场上掀起巨浪。2015年最后的狂欢之后，那些曾经助推牛市的券商融资、股票质押、分级基金B、伞形信托、P2P、场外配资等高杠杆资金开始迅速撤离，市场开始断崖式下跌。2014年7月至2015年6月12日，上证综指飙升152%；2015年6月15日至2016年1月28日，经历三波大跌之后，上证综指累计下跌49%。

面对市值蒸发30万亿元的股市极端异动，国家采取了一系列救市措施，以避免引发系统性金融风险。然而，对于市场经济环境中，政府是应当加强监管还是自由放任、救市资金应该“攻其重点”还是“雨露均沾”、干预市场能否见效等问题，市场存在颇多争论。

2017年，救市取得阶段性成果后，中国证券金融股份有限公司（简称证金公司）董事长聂庆平发表《2015年股市异常波动的原因、性质及应对》。文章认为当时国家采取综合举措救市是唯一选择。

文章还指出，2015年中国经济基本面并未全面恶化、市场波动也未产生大规模不良资产，而且，2015年股市的波动主要围绕中小创股票展开，具有明显的投机特征。所以，2015年的股市波动不是一场金融危机，而是纯粹由资金推动上涨和资金平仓下跌带来的证券市场幅度较为剧烈的“异常波动”。

从2015年6月15日开始，市场在52个交易日内急跌43.34%，8月24日更是以8.49%的单日跌幅创8年之最。行情最危急的一天，全市场不到3 000家上市公司中，有1 717家公司跌停，1 000多家公司停牌，市场处于“跌死”状态，流动性岌岌可危。市场上股票卖不出去，基金公司没有赎回的资金来源，面临崩盘风险。市场上许多对应股票的信托集合计划或者投资计划都涉及银行理财资金，如果继续下跌，资金继续斩仓，信托公司将无法归还银行的理财资金，面临崩盘。股票市场处于没有流动性的状态，投资者开始从债券市场进行抛售，利率体系面临被冲垮的风险。若任由流动性危机蔓延下去，整个金融体系都将受到冲击。

2017年6月出版的《经济导刊》刊发文章《2015年股市异常波动的原因、性质及应对》，作者是中国证券金融股份有限公司董事长聂庆平。

聂庆平回忆："救市过程中曾经出现过巨额抛单，其中一只股票一单就抛出了80亿元卖单。在当时情况下，需要有相当数量的资金直接入市，以维护金融稳定、恢复市场信心、保护投资者利益。"为了稳定证券市场，证金公司借助公募基金进行市场操作，斥资2 000亿元分别购买招商丰庆、南方消费活力、易方达瑞惠、华夏新经济、嘉实新机遇五只新基金，证金分配在每只基金的购买额度均为400亿元，这就是大家俗称的"国家队"基金。

除证金公司直接入市外，证监会和有关部委密切配合，陆续出台了系列举措，特别是针对限制股市期现套利投机、限制高频交易市场冲击以及降杠杆等方面的措施。沪深交易所及中国证券登记结算公司于7月初决定大幅下调A股交易经手费和交易过户费，降幅达30%，引导资金入市。7月8日，证监会发出通知，限制上市公司持股5%以上股东及董监高人员减持公司股份。

2015年8月底，监管层发文要求券商彻底清除违法违规的配资账户，而后对部分违规券商开出巨额罚单。场内融资业务也采取了降杠杆措施，限制证券公司融资融券业务规模不超过净资本4倍。11月，沪深证券交易所将融资交易保证金比例由50%提高至100%，场内融资由2.27万亿元降到0.95万亿元，融资余额占总市值的比例也由高点时期的3.5%降至2.0%，接近国际市场平均水平。

国资委表态，央企在股市异常波动期间不得减持所控股上市公司股票，财政部也承诺不减持所持有的上市公司股票，并将择机增持。公安部会同证监会排查恶意卖空股票与股指的线索。央行两次降准降息，更表态向证金公司提供无限流动性支持。保监会放宽保险资金投资蓝筹股票监管比例，银监会允许已到期股票质押贷款重新确定期限、支持调整平仓线、鼓励向证金公司提供同业融资、支持对回购提供质押融资……

各项救市举措的合力下，市场企稳，逐步震荡回升。截至2017年6月30日，2015年7月入场的首批救市资金，账面公允价值获得1.21%浮盈；五大救市基金累计浮盈近374亿元，累计收益率为18.72%。相比之下，“国家队”中基金团队投资业绩完胜券商团队。此外，证金公司和汇金资管公司合计持股市值稳步增长至超万亿元。

五、熔断：善良的愿望

整体救市方案中，也包括熔断机制的推出。熔断机制（Circuit Breaker），也叫自动停盘机制，是指当股指波幅达到规定的熔断点时，交易所为控制风险采取的暂停交易措施。由于2015年过度使用杠杆，中国资本市场波动非常剧烈，监管层希望在市场极端波动的情况下，给予投资者更多冷静的时间，防止投资者作出不理性的反应，从而达到稳定市场的作用。

2015年9月7日，沪深交易所和中国金融期货交易所发布《关于就指数熔断相关规定公开征求意见的通知》。12月4日，沪深交易所和中国金融期货交易所正式发布指数熔断相关规定，宣布2016年1月1日起正式实施。根据规定，当沪深300指数触发5%熔断阈值时，三家交易所将暂停交易15分钟，而如果尾盘阶段触发5%或全天任何时候触发7%熔断阈值，则暂停交易，直至收市。

2016年第一个交易日，也是中国证券交易史上具有里程碑意义的一天。股指在巨大的抛盘打压下不断走低，接连击破3 500点和3 400点整数关。午后开盘第13分钟，沪深300指数跌破5%，触发熔断。15分钟后，重新开盘的股市继续下跌，只用了6分钟便将跌幅扩大至7%，继续触发7%的阈值，三大交易所暂停交易至收盘。悲剧没有结束，在弱势反弹两天之后的1月7日，沪深300指数在上午9点42分便触及5%跌幅造成熔断，9点57分重新开盘后，市场仅用了3分钟便将跌幅扩大至7%。至此，2016年，仅仅4个交易日，市值就损失约5.6万亿元。

2016年1月7日晚间，上海证券交易所、深圳证券交易所、中国金融期货交易所紧急发布通知：自2016年1月8日起暂停实施指数熔断机制。就这样，从1月4日开始，到1月7日被叫停，短短4天，熔断机制就结束了它在中国证券史中的使命。

作为市场交易的“减震器”，熔断机制最早出现在1988年的美国。国外资本市场引入熔断机制的主要有美国、英国、日本、新加坡、韩国，并且都在实践中取得一定的效果且逐步得以完善。为何进入中国市场后，连续两次触发阈值并导致交易暂停？

追溯历史，我们首先看到，美国从1988年实施熔断机制以来，30年间很少真正触发。也就是说，熔断在美国市场是非常小概率的事件，推出这个机制，更像是一种象征意义的制度保证，而不是真正意义上的“市场停摆”。而2015年的中国，股市振幅超过5%的情况出现了23次。也就是说，如果当时就有熔断机制的话，市场可能不是冷静，而是更加恐慌了，因为挂跌停板排队止损的机会也就此斩断。更极端的情况是，如果次日开盘直接跌7%，按规则又要暂停交易一天，恐慌之外又增加了时间成本。

其次，我们在一个非常高波动的市场上确定了一个非常低的熔断阈值。美国的熔断机制并非一蹴而就，而是在市场实践中逐步调整到位的，它针对标准普尔500指数设置了7%、13%和20%三个层级，达到前两层都是暂停交易15分钟，达到最后一层才是停止交易。而中国设置的两档阈值5%和7%，之间仅仅相差2%，意味着触发全天暂停交易的概率更高，而频繁地发生熔断则会加大市场的恐慌。

再次，A股市场由于实行个股涨跌停板制度，天生就存在一种变相的熔断机制。2013年诺贝尔经济学奖得主尤金·法玛将熔断机制可能引起的过度反应称为磁吸效应。“投资者抢在熔断前完成交易，导致熔断的加速到来。”如果即将被触发暂停交易，原本打算分为几天交易的人会因此决定把全部的交易在瞬间完成，这种吸引像磁石一样明显，会造成价格波动性的加大。熔断机制的磁吸效应会因与个股涨跌停板磁吸效应发生叠加而得到增强。

对市场参与者而言，熔断机制影响最大的莫过于公募基金。当时的主要意见是，指数熔断对基金的估值、申赎及流动性都会产生一定影响，所以熔断机制牵涉公募基金配套系统的改造。早在熔断规则征询意见阶段，各家公募基金内部就已开始讨论和研究可能带来的影响。

某大型基金管理公司基金经理称："当时公司考虑得比较多的是，一旦发生熔断，原本打算进行的买卖，可能由于交易提前结束造成操作无法进行，从而导致基金净值的损失，影响投资者收益。"指数熔断还会带来流动性的短暂消失，给基金仓位的管理带来困难。"我们可能必须卖更多的股票以预留现金仓位应对赎回……极端情况下，持续熔断导致卖不出股票，会面临流动性危机。"

熔断导致的暂停交易也会导致个股收盘价失真，给基金估值带来困难。估值不当会出现很多问题，比如带来投资者异常申购赎回。如果在市场大跌熔断后导致基金集中赎回，会造成未赎回的投资者承担赎回投资者的抛券风险；反之，如果大涨触发熔断导致日内终止交易，投资者会预期下一个交易日市场仍然大涨而倾向于巨额申购，最终导致对原份额持有人净值造成稀释或摊薄。

最后，也是最为迫切的，是基金申赎时间的调整。因为基金交易都是同步交易所时间的，如果发生熔断，交易所暂停交易，这期间的基金申赎、转换规则需要明确。为了尽量满足基民对流动性的要求，大多数公募基金的安排是，如果熔断只发生在盘中，且只触发了5%的熔断线，公募基金的开放时间均不进行调整，即申购赎回、流动性不受任何影响。但如果出现触发7%阈值的"大熔断"，即当天交易已停止的情况，所有的基金申购与赎回、定投、基金转换等交易或业务的申请全部暂停。

就这样，经过种种的探讨，12月15日晚间，中国证券投资基金业协会发布《关于指数熔断机制实施后公募基金行业相关配套工作安排的通知》，要求各基金管理人在2016年1月1日前，按照基金合同规定，说明指数熔断导致交易所交易时间变更等情况下，基金管理人将对相关类别基金开放时间进行调整的情况；对指数熔断跨越14:57导致上海证券交易所、深圳证券交易所收市时间不一致的，说明开放时间调整将遵循的原则（如“孰早原则”）。

几乎在没有任何缓冲的情况下，基金业迎来了真正的熔断。

某基金管理公司基金运营部负责人说：“当时全行业的基金公司大多认为只是做个预案而已，没想到刚开始实施，市场就结结实实熔断了！”由于2016年一开年发生的两例熔断都触发了7%的阈值，基金公司的处理方式是直销系统全部跟随交易所时间暂停申赎交易。“代销方面，就很难做到与交易所时间完全同步。两次‘大熔断’后，100多家渠道的销售数据仍然源源不断传送过来。因为包括渠道在内，当时行业相关公司的系统都准备不足，所有熔断后提交的交易申请只能由运营人员一单单进行数据核实，然后手工确认失败，那两天晚上我们部门同事基本都工作到凌晨四五点钟。”

在很短的交易时间内频繁地触发了熔断机制，2016年最初的一周注定要被载入世界股票交易史册。尽管如此，熔断机制的作用在于给市场更多的冷静和评估时间，让情绪得以平复并控制风险，对于一个不断走向狂热的市场，熔断机制的引入是有积极意义的。熔断机制的暂停，显示了其设计与配套有待改进，相信经过实践的探索，A股市场会找出一根真正适合自身的“保险绳”。

2015年的“疯狂牛”和“暴力熊”给中国证券市场留下了浓墨重彩的一笔。由杠杆推动的史无前例的超级牛市和杠杆失控下亿万元市值的蒸发，这次市场波动令人反思。

“华尔街没有新鲜事”，股市的基本机制决定了牛熊轮回没有终点。不要忘记索罗斯的警示：“世界经济史是一部基于假象和谎言的连续剧。要获得财富，就要认清假象，投入其中，然后在假象被公众认识之前退出游戏。”

本篇参考文献：

[1] 霍华德·马克斯. 投资最重要的事——顶尖价值投资者的忠告 [M]. 北京：中信出版社，2019.

[2] 聂庆平. 2015年股市异常波动的原因、性质及应对 [J]. 经济导刊，2017（6）.

本篇作者介绍：王玥，现就职于某公募基金公司，前财经媒体人。

第六篇
基金法与监管变革

【编者按】

在这篇里，作者支玉香带我们回顾了《证券投资基金法》诞生和修订的过程。

金融是经济的血脉，其重要性不言而喻，而它天然又是一个有很强“外部性”的行业。所谓外部性，即某个行业的运转失灵会导致广泛的经济和社会风险。

银行如经营不当，亿万储户的血汗钱将处于危险之中；投资产品如管理不当，大量投资者将蒙受巨大损失。如果是系统性的金融风险，还将导致严重的经济危机甚至社会危机。

因此，金融行业总是受到政府最严格的监管。

政府监管的权力依法获得。法分层级，最高为根本法——宪法，然后是法律，接下来是行政法规、地方性法规及部门规章。本篇聚焦的《证券投资基金法》，是指经全国人民代表大会及其常委会依照立法程序制定，并由国家主席签署公布的“法律”，级别不可谓不高。

在我国，重要的几个金融子行业（银行、证券、保险、信托、基金）都有自己的“专属”法律，金融的重要性可见一斑。作为较高层级的规范性文件，法律通常只对原则性、基础性的问题作出规定，具体规则制定和监管实施则由法律指定的政府机构完成，而承担此重任的，就是我们常听到的“一行两会”了。

分工方面，人民银行主要监管支付机构和几个重要的机构间市场，银保监会主要监管银行、保险、信托、金融租赁、消费金融、汽车金融公司，证监会主要监管证券、基金与期货公司。要指出的是，监管不是人民银行的“主业”，它主要的任务是制定和执行货币政策，但同时负有防范金融风险、维护金融稳定的监管统筹之责。

还有一些较为细分的金融子行业，比如小额贷款、典当等，监管职能由地方政府通过各地金融监管局（以前叫金融办）行使。另外，一些监管机构领导下的行业协会，如证券业协会、银行业协会、支付清算协会，以及本章讲到的证券投资基金业协会，经监管机构授权后也可承担一定的监管职能，但协会本质是自律组织。

总之，提供金融服务必须持有牌照并接受监管。谁发牌，谁监管。反过来，合法的金融服务必然由持牌机构提供。例如，支付服务只能由银行和支付机构提供，交易股票只能通过证券公司进行，个人贷款只能由银行、消费金融公司、汽车金融公司、小贷公司发放，基金只能从基金公司或持有牌照的销售机构处购买。

作为一个金融消费者，需要对金融监管有基本的了解，养成下单之前先搞清楚提供服务的是哪些机构，它们有没有相应的牌照的习惯。

历史的进程从来都不是线性的，中国基金行业有幸实现了弯道超车。

这个承载着光荣与梦想的行业一诞生就吸收了西方国家70多年的制度文明，从此被打上了阳光、透明、规范的烙印。

1997年11 月14 日，国务院证券委员会颁布了《证券投资基金管理暂行办法》，这标志着公募基金的创设工作正式启动了。转年春天，首批基金公司——南方基金管理有限公司、国泰基金管理有限公司等问世。

《证券投资基金管理暂行办法》短小精悍，充分借鉴了海外近百年发展积累的经验，对基金的设立、募集、交易、基金托管人和基金管理人的职责等作了详细规定。

20年后，当基金从业人员回忆行业发展时，都会回到这个公募基金行业的起点，它奠定了公募基金从无到有的基础。

至此，基金行业拉开了序幕，陆续诞生了涉及基金管理、投资、交易销售、监管等160多个相关法律、法规。这一部部法律和规章制度，从规范的角度书写了一部基金发展史。

一、《证券投资基金法》的诞生：综合立法“瘦身”

为单一投资品类立法前所未有，而《投资基金法》享受到了这样的待遇。

1999年3月，全国人民代表大会财政经济委员会（以下简称全国人大财经委）在人民大会堂召开了基金法起草组成立大会，《投资基金法》被列入了全国人大常委会的立法规划。这部法律规格之高，从当时立法领导小组的豪华阵营可以略知一二。厉以宁、张肖、周道炯、柳随年、董辅礽、戴杰，以及王春正、邓楠、陈耀先、刘鸿儒、江平等均参与立法领导小组。其中，厉以宁任立法领导小组组长。

《投资基金法》交由全国人大财经委起草。《投资基金法》起草时就包括了对证券投资基金、风险投资基金、产业投资基金三类基金的制度规范。当初拟出的基金法草案，多达150条。

起草小组多次开会，讨论《投资基金法》的内容，但讨论一直存在争议。争议的焦点是制定一部既能够涵盖规范证券投资基金、又能涵盖规范产业投资基金和风险投资基金的综合的《投资基金法》，还是分别立法或者只制定“证券投资基金法”及监管职能由谁承担。

2002年8月23日，全国人大财政经济委员会副主任委员厉以宁在第九届全国人民代表大会常务委员会第二十九次会议上，做了关于《中华人民共和国证券投资基金法（草案）》的说明，其中提到：风险投资基金和产业投资基金虽然也属投资基金，但因目前在我国处于刚起步阶段，且与证券投资基金有较大差异，经过认真讨论和研究，并征求国家发展计划委员会和科技部意见，本法调整范围不包括这两类基金。

2003年10月28日，国家主席胡锦涛发布第九号主席令，《中华人民共和国证券投资基金法》已由中华人民共和国第十届全国人民代表大会常务委员会第五次会议于2003年10月28日通过，现予公布，自2004年6月1日起施行。

《投资基金法》最终瘦身成为《证券投资基金法》。前后耗时4年半，《投资基金法》起草工作组组长王连洲对这其中的艰辛记忆深刻。“国际和国内专家学者、业内人士及基金投资者参与的各种讨论会、座谈会难以计数，直接或间接参与讨论基金立法的人员不下数千，专门以书面的形式征求各个省市有关单位和业务部门的意见，反复易稿不下数十次。

参与立法的各方立场不一、意见不一。可见，基金立法的道路非常曲折。

二、《证券投资基金法》修订：“二读”之后意外的反转

2008年全国“两会”期间，人大代表的一号议案是修改《证券投资基金法》，其中主要原因是对私募基金没有明确的界定和管理的原则。

此次修订可以说是继续《投资基金法》立法时未完成的事业。修订从2009年开始启动，关于私募股权投资（PE）是否应纳入基金法，始终是最大

争议点。

2011年8月23日，人大财经委员会召开第五十五次全体会议，审议并通过了草案。

全国人大常委会对法案的审议通常进行三次，俗称“三读”：“一读”听取说明，“二读”进行讨论，“三读”决定是否通过。2012年6月26日，十一届全国人大常委会第二十七次会议初次审议《证券投资基金法（修订草案）》，也称为“一读”。其中《证券投资基金法（修订草案）》第一百零七条曾规定“非公开募集基金财产的证券投资，包括买卖或持有股票、债券，或者国务院证券监督管理机构规定的其他证券及其衍生品种”。同时，第一百七十一条规定“公开或者非公开募集资金，设立公司或者合伙企业，其资产由第三人管理，进行证券投资活动，其资金募集、注册管理、登记备案、信息披露、监督管理等，参照适用本法”。这是首次将非公开募集基金纳入进来，并且明确了公司或合伙企业类型非公开募集资金参照适用该法，因此以上两条被外界认为是私募股权基金将被纳入基金法的依据。

时隔仅1个多月，包括中国投资协会股权和创业投资专业委员会、深圳市创业投资同业公会、广东股权投资协会、上海市创业投资行业协会等在内的25家私募股权投资基金（PE）和创业投资基金（VC）行业协会联名向全国人大常委会“上书”，建议不要将PE特别是VC不加区分地纳入正在修订中的《证券投资基金法》，而应将其分开立法。上述行业协会最大的担忧是，纳入基金法后，将令原本归国家发展改革委管理的VC/PE行业多了一个法定的监管者——证监会。

25家行业协会建议的理由主要有三点：第一，作为《证券法》的下位法，修订草案将“证券”的界定权从国务院下放到证监会，这有可能导致相关机构受部门利益驱使，任意界定“其他证券”的范围，以扩张监管权；第二，将VC/PE纳入基金法不符合分开立法的国际惯例；第三，将VC/PE和通常投资于二级市场的证券投资基金归并监管，有可能造成监管风险，例如导致证券基金的不规范做法侵入VC/PE行业。

但当时人大法工委认为，这一建议还需再加以考量，因此“二审”仍采纳了人大财经委的意见，维持私募股权基金入法的方向。2012年10月23日，基金法“二读”，第一百零七条和第一百七十一条都未作修改。

意料之外的是，“二读”之后，出现了反转。在此后的征求意见中，国务院法制办转而倾向于25家行业协会的意见，认为PE不要入法。

在意见存在分歧的情况下，代表对条款进行了调整。最终在两个月后的“三读”版本中，人大法工委新增“公开发行”四个字。即对“非公开募集基金财产的证券投资”的定义，包括买卖公开发行的股份有限公司股票、债券、基金份额，以及国务院证券监督管理机构规定的其他证券及其衍生品种。

这也令修订后的《证券投资基金法》变成一部没有明确将PE/VC纳入调整范围的法律。

全国人大常委会2012年12月28日表决通过《证券投资基金法（修订草案）》。修订后的《证券投资基金法》于2013年6月1日正式实施。

历史的进程是缓慢、曲折的，但最终也是螺旋上升的。

后来，《证券投资基金法》修改为《投资基金法》，即将私募股权投资基金和另类投资纳入《投资基金法》。

2013年6月1日，《证券投资基金法》正式实施。当月，中央编办印发《关于私募股权基金管理职责分工的通知》，明确由证监会负责包括创业投资基金在内的私募股权基金的监督管理。2014年1月，证监会授权中国证券投资基金业协会负责私募投资基金自律管理，并依法开展各类私募投资基金管理人登记和基金备案工作。2014年6月、2018年10月，证监会先后发布了《私募投资基金监督管理暂行办法》（证监会令〔105〕号）、《证券期货经营机构私募资产管理业务管理办法》，均将股权基金纳入管理。

而国家发展改革委2011年发布实施的《关于进一步规范试点地区股权投资企业发展和备案管理工作的通知》于2013年8月失效；国家发展改革委2011年发布实施的《关于促进股权投资企业规范发展的通知》于2016年6月失效。

表6-1 《证券投资基金法》修订过程

时间	事件
1999年3月	全国人大财经委召开了基金法起草组成立大会
2002年8月	《证券投资基金法（草案）》一读
2003年6月	《证券投资基金法（草案）》二读
2003年10月	《证券投资基金法（草案）》通过
2004年6月	《证券投资基金法》实施
2008年3月	向人大提交《证券投资基金法》修订议案
2009年3月	《证券投资基金法》修订列入当年国务院立法计划
2009年7月	全国人大财经委组建《证券投资基金法》修订小组
2010年12月	《证券投资基金法（修订草案）》诞生
2011年2月	《证券投资基金法（修订草案）》征求意见稿出台
2012年6月	《证券投资基金法（修订草案）》一读
2012年10月	《证券投资基金法（修订草案）》二读
2012年12月	《证券投资基金法（修订草案）》通过
2013年6月	修订后的《证券投资基金法》施行

三、万能基金子公司：从疯狂扩张到戴上“紧箍咒”

从1998年《证券投资基金法》的制定到《证券投资基金法》的修订，关于股权投资是否纳入监管的争议持续了13年之久。基金子公司的设立无意中改变了格局。

2012年6月7日，时任证监会主席的郭树清在中国证券投资基金业协会成立大会上发表了题为《我们需要一个强大的财富管理行业》的讲话。

郭树清提出，基金管理公司要加快创新发展步伐，坚持从实体经济需要出发，通过设立专项资产管理计划，投资实体资产，扩大专户产品的投资范围，服务实体经济。

他强调证监会将继续加强基础制度建设，争取在拓宽基金公司业务范围、扩大基金投资标的等方面取得突破性进展。

随后，郭树清在《行政管理改革》2012年第10期发表署名文章《我国资本市场的成就、问题和前景》，并指出，加快修订《证券投资基金法》，争取在拓宽基金公司业务范围、扩大基金投资标的等方面取得突破性进展。

事实上，相关部门已经在行动。

2012年9月和10月，证监会先后发布了修订后的《证券投资基金管理公司管理办法》《基金管理公司特定客户资产管理业务试点办法》以及《证券投资基金管理公司子公司管理暂行规定》。

这三部法规允许基金公司成立子公司开展专项资产管理业务，使基金公司的投资领域从原有的上市证券类资产拓展到了非上市股权、债权、收益权等实体资产，拓展了基金公司的业务范围，公募基金开启了非上市股权投资的正面战场。

2012年11月，证监会批复通过了3家基金子公司，12月有9家基金子公司获批。2013年，基金子公司继续迅速扩容，一年共有50家基金子公司成立。

基金公司争先恐后设立子公司，是因为子公司在彼时成为了万能神器——除了不能吸收存款、发放贷款外，券商、信托等公司的很多业务，基金子公司都能做，基金子公司似乎成为了全能型牌照。

有业内人士戏称，就像是在泳池里游泳，基金子公司可以随便游，自由泳、蛙泳、蝶泳，只要游得开心就好，公募基金则必须在一个游道进行某种游资的比赛。

最关键的是，2016年前，《证券投资基金管理公司子公司管理暂行规定》只对基金子公司的注册资本有限制（不低于2 000万元），而没有对业务提出有关风险资本和净资本的具体要求。而竞争对手，券商及信托均有明确的风险资本和净资本的要求。

由于没有资本金约束，成本低，基金子公司大干快上。

表6-2 2012—2016年基金子公司成立数量

年份	数量（家）
2012	12
2013	50
2014	11
2015	6
2016	0

数据来源：证监会网站。

基金子公司扩张的主力是通道业务。

通道业务并无官方定义，一般是指银行为解决资金出表，将资金委托给券商或基金成立定向资管或者一对一产品计划，但具体资管计划的管理权仍然掌握在银行手中，券商或基金等机构仅仅充当通道，通道业务的核心是管理责任的让渡。

资本市场是人性的放大器。在利益的驱使之下，基金子公司业务愈发膨胀，其中多半是通道业务。方正证券统计数据显示，2014—2016年，基金子公司通道产品管理资产规模占比分别为59.6%、62.7%和71.1%。

通道业务与创新无关。有基金子公司领导调侃，子公司成为了劳动力密集的产业，所需的业务知识储备和专业技能并不高。也有基金子公司领导感慨公司业务火爆，一位专门管盖章的职员，一天要盖约1 000个章。

让渡管理责任的结果是风险违规事件不断发生。

2014年2月24日，证监会发布了《基金管理公司从事特定客户资产管理业务子公司内控核查要点（试行）》，对包括公司治理、项目管理、销售管理、风险管理与监察稽核、运营管理、公司财务、人员管理、信息技术、风险隔离与利益冲突防范、母公司管控十个大项涵盖的基金子公司内控核查细则进行了规范化的说明，并督导基金公司及其专户子公司应积极配合会计师事务所的内控核查工作。按照证监会基金部的要求，内控评价报告的报告期为每年1月1日至12月31日，报送期限为上一年度结束后6个月内。

2014年4月26日，证监会发布《关于进一步加强基金管理公司及其子公司从事特定客户资产管理业务风险管理的通知》，开始排查基金子公司的风险并规范业务。通知要求不得开展资金池业务，需切实做到资金来源与运用一一对应，确保投资资产逐项清晰明确并定期向客户披露投资组合情况。另外，提升基金子公司设立的门槛，对于基金管理公司成立不满一年或者其管理的公募基金规模低于50亿元的，证监会将暂缓审核其设立子公司的申请。

2014年8月29日，证监会通报了对万家共赢、金元百利和华宸未来三家基金子公司的处罚情况，并指出其他公司“存在委托不具有基金销售资格机构销售资产管理产品、在其管理的不同资产管理产品之间进行违规交易等问题，有些公司的分级资产管理产品还涉嫌利益输送、内幕交易等违法行为”。

基金子公司已经感受到了来自监管层的压力。2014年9月12日，证券公司、基金公司及其子公司的“资产管理业务座谈会”在郑州召开。据说，时任证监会主席助理的张育军对各位基金公司高管强调了必须牢牢守住“八条底线”。

基金子公司的风险逐渐暴露，监管政策再度密集出台，加强了对基金子公司的监管。

2015年3月5日，中国证券投资基金业协会发布了《证券期货经营机构落实资产管理业务“八条底线”禁止行为细则（2015年3月版）》。其再次重申，禁止开展资金池业务，同时规定分级资管计划的杠杆倍数不得超过10倍。

2015年是跌宕起伏的一年。年初，政策利好不断、流动性宽松，A股牛市登场。场外配资异常火热，其中基金子公司参与了配资业务。高杠杆的配资加速了牛市走向疯狂。很快，证监会开始了一系列现场检查。同年11月6日，证监会通过例行发布会宣布对7家证券、基金经营机构采取行政监管措施。被处罚的原因，主要是为场外配资提供便利等违规行为。

监管层使出的大招是2016年陆续出台《证券期货经营机构私募资产管理业务运作管理暂行规定》《基金管理公司子公司管理规定》《基金管理公司特定客户资产管理子公司风险控制指标管理暂行规定》等相关规定。严格的净资本占用机制控制了基金子公司疯狂扩张的步伐。

基金子公司的规模数据是政策监管的有力注脚。

按照年度数据来看，基金子公司专户管理规模在2016年末为10.50万亿元，截至2018年6月末，基金公司子公司专户业务管理资产规模为6.12万亿元。从2016年末到2018年中，一年半时间里，基金公司子公司专户业务管理资产规模下降了4.38万亿元，降幅为41.71%。

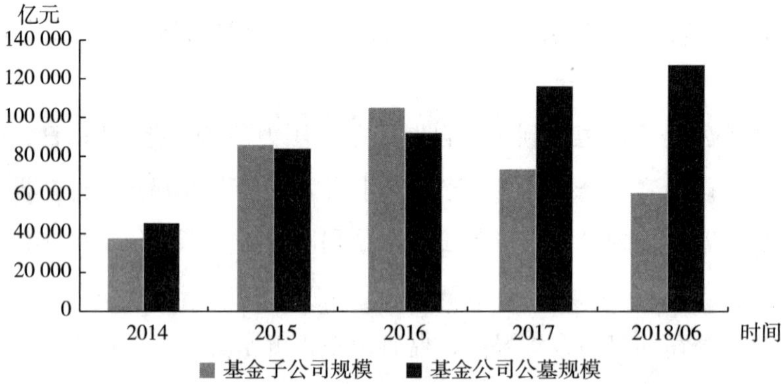

图6–1　2014年至2018年6月基金子公司及基金公司规模对比

（数据来源：中国证券投资基金业协会）

回顾基金子公司的发展，监管层从2014年陆续强调禁止资金池，控制通道业务，但“重赏之下必有勇夫”，在利益的驱使下，仍旧有基金子公司不断挑战监管底线，直至监管利剑出鞘才收手。

2017年5月19日的新闻发布会上，中国证监会新闻发言人张晓军首提全面禁止通道业务，强调不得让渡管理责任。

2018年4月27日，中国人民银行、中国银保监会、中国证监会、国家外汇管理局联合印发《关于规范金融机构资产管理业务的指导意见》，即业内统称的“资管新规”，这宣告着基金子公司的通道业务彻底终结。

表6-3　对基金子公司监管政策

发布日期	法规名称	主要规定
2012/9/20	《证券投资基金管理公司管理办法》	证监会允许基金公司设立控股子公司从事特定客户资产管理
2020/9/26	《基金管理公司特定客户资产 管理业务试点办法》	基金子公司资产计划可投资非上市股权
2012/10/29	《证券投资基金管理公司子公司管理暂行规定》	基金子公司注册资本要求不低于 2 000 万元
2013/11/26	《关于加强专项资产管理业务风险管理有关事项的通知》	要求子公司建立健全风险管理制度，对不同专项计划实施分别核算、分别管理
2014/2/24	《基金管理公司从事特定客户资产管理业务子公司内控核查要点（试行）》	对公司治理、项目管理、销售管理、风险管理与监察稽核、运营管理等十大项作了具体规范
2014/4/26	《关于进一步加强基金 管理公司及其子公司从事特定户资产管理业务风险管理的通知》	禁止资金池，禁止“一对多”专户开展通道业务，提升设立基金子公司的门槛
2015/3/5	《证券期货经营机构落实资产管理业务“八条底线”禁止行为细则（2015年 3 月版）》	禁止开展资金池业务，分级资管计划的杠杆倍数不得超过 10 倍
2016/7/14	《证券期货经营机构私募资产管理业务运作管理暂行规定》	结构化资产管理计划的总资产占净资产的比例不得超过 140%，非结构化资产管理计划（一对多）的总资产占净资产的比例不得超过 200%
2016/11/29	《基金管理公司子公司管理规定》《基金管理公司特定客户资产管理子公司风险控制指标管理暂行规定》	基金子公司净资本不低于 1 亿元，净资本不得低于各项业务风险资本之和的 100%，净资本不得低于净资产的 40% ，净资产不得低于负债的 20%。
2018/4/27	《关于规范金融机构资产管理业务的指导意见》	终结通道业务

资料来源：证监会、中国证券投资基金业协会。

基金子公司短短6年的发展路径，也是国内金融体系运行生态的真实缩影。

在金融体系分业监管的现状下，虽然都是理财市场，但各监管部门各自管辖下属机构，在开展理财业务的投资者范围、产品准入、募集方式、信息披露、资金托管、产品销售、税收政策等方面监管标准各异。这导致的结果是，一方面，存在监管重复、监管交叉和监管真空的情况，监管成本较高；另一方面，引发监管套利行为，不利于公平竞争。

通道业务正是利用不同规则来规避监管的产物。在间接融资仍占主导的大背景下，一方面银行面临着资本充足率、存贷比、信贷政策等约束，另一方面高收益债、ABS和股权融资等标准化直接融资产品的供给又远不能满足实体企业的需求，而不同机构资管业务的监管标准又不统一，这就催生了通道业务的快速发展。

“资管新规”出台，无论是理财子公司还是其他金融机构，都需要回归本源，真正做资产管理业务。

四、中国证券投资基金业协会：自律方得进步

2012年6月6日，中国证券投资基金业协会应运而生。

翻阅《证券投资基金法》可以发现，其专辟一章，明确协会的法律地位、行业属性和法定职责。

根据《证券投资基金法》，基金管理人、基金托管人应当加入证券投资基金业协会，基金服务机构也可以加入证券投资基金行业协会。

在证券投资基金业协会的带领下，基金公司进行了更多的尝试和创新。比如，基金公司专业人士持股、FOF基金、养老目标基金落地等。

证券投资协会一直大力推动发展公私募FOF，为理财资金对接资产管理创造条件。证券投资基金业协会成立以来，积极组织研究境外FOF监管措施，编纂《私募证券类FOF基金手册》，在《声音》内刊发表《美国证监会对基金中基金投资的监管规定》，推动《公开募集证券投资基金运作指引第2号基金中基金（FOF）运作指引》出台。2017年9月，6家基金公司拿到首批FOF批文，媒体称之为公募基金2.0时代到来。

公募基金助力养老金第三支柱建设，证券投资基金业协会功不可没。

证券投资基金业协会曾持续参与、推动我国养老金制度的顶层设计，重点是第三支柱个人养老账户制度建设。证券投资基金业协会联合行业力量，陆续研究撰写《养老金改革与资产管理行业白皮书》《国外雇主养老金发展及对我国企业年金的启示》《关于职业年金投资管理制度设计的若干建议》等26份报告，积极向财政部、人社部等相关部门建言献策。其协助证监会机构部参与《基本养老保险基金投资管理办法（征求意见稿）》的意见反馈，充分表达行业专业能力和发展诉求。2018年8月，首批14只养老目标基金获批，基金业协会的推动终于开花结果。

私募基金方面，2014年1月，证监会授权证券投资基金业协会负责私募投资基金自律管理，并依法开展各类私募投资基金管理人登记和基金备案工作。

证券投资基金业协会开始按照《证券投资基金法》的规划和设计，履行私募基金的登记备案业务。证券投资基金业协会制定了包括《私募基金管理人登记和基金备案办法》《私募基金募集行为管理办法》《私募基金信息披露管理办法》《私募基金从事投资顾问业务管理办法》《私募基金托管业务管理办法》《私募基金服务机构管理办法》《从业人员管理办法》等自律规则。

2014年2月5日，证券投资协会开始履行登记备案手续，但在初期，证券投资基金业协会"人气"不旺，所以，证券投资基金业协会大开大门甚至奖励前来登记的机构。

2014年2月5日至2014年12月22日，登记机构和产品备案均没有门槛。同时，证券投资协会还给登记的金融机构颁发证书。在此期间，平均每个月有745家机构登记，1 563只产品备案。

随着备案数量的激增，证券投资基金业协会进行了微调，对不含资产管理字样的互联网、科技公司不予以登记。不过，2014年的12月22日到2016年的2月5日，这个阶段依然不设门槛，进行全口径的登记和备案。据洪磊讲述，在机构登记最高峰的时候，一个月2 000家机构，至少1 500家只是产品登记备案。

但此时摆在证券投资基金业协会面前有个两难的问题：一是来备案的机

构快速扩容有可能带来金融风险；二是一旦设定了备案条件，那么就会被诟病，作为行业自律的证券投资基金业协会设定了行政许可。

处于两难境地的证券投资基金业协会向证监会汇报了这一困境。2015年的9月，证监会牵头带领证券投资基金业协会的私募部、法律部走访国务院法制办，要求认定登记备案的性质。据《证券投资基金法》修订版第十条，明确私募基金的登记和备案是属于自律管理的范畴，同时明确了自律管理和行政管理有五大不同，其中有一个重要的不同，就是自律管理可以在行政法规之上制定自己的规则，但是这个规则只要按照协会的章程来履行就可以。

对中国证券投资基金业协会而言，制定规则合乎法规。2014年11月，中国证券投资基金业协会发布了《私募投资基金管理人登记和基金备案办法（试行）》，2016年2月，中国证券投资基金业协会发布《私募投资基金管理人内部控制指引》，这也将私募基金推进了第三个阶段。这一阶段，所有来中国投资证券基金业协会备案的机构，都需要提供法律备案书；要求机构具备具有基金从业资格的人员；登记的机构，如果6个月不能完成产品备案，取消其公示。

以上办法出台之后，26 000家机构被筛选到剩下13 000家，登记机构的质量大幅度提高。

机构的登记逐步走上了愈发规范的道路。2017年，中国投资证券基金业协会完成了AMBERS系统合并的工作，使得登记注册更加便捷、阳光、透明、严格。与之同时，协会也加大了对机构的年报审计力度，2018年末一共有35 000家会计事务所为19 336家私募基金管理人提供了经审计的2017年度的财务报告。

中国投资证券基金业协会也在不遗余力地推进公示。协会现在对外公示了24批482家失联机构，注销了158家，同时将3 827家未按时履行信息报送业务的机构列入了目录，并进行了公示。

2018年10月15日，中国投资证券基金业协会会长洪磊在“中国财富管理50人论坛”上表示，后期的发展中，中基协将会对私募基金管理人通过“白名单”的方式进行约束，以保证行业发展的工作能够顺利进行。

从2012年6月成立至今，中国投资证券基金业协会从无到有，带领协会会员走上更加健康、快速发展的轨道，顺利承接基金法和证监会有关职责授权，构建行业服务自律基本格局，为行业融合发展奠定了良好基础。

二十弱冠，花开无声。1 600多页法律、规范、通知、规定是基金业20年的发展缩影，这其中折射出行业的成长，也透视出成长中的曲折，有基金公司不能僭越之规则，也有监管层呵护行业成长之指引，有博弈也有妥协。

康德曾感言：“有两事充盈性灵，思之愈频，念之愈密，则愈觉惊叹日新，敬畏月益：头顶之天上繁星，心中之道德律令。”正是这1 600多页的律令，让基金成为基金。

本篇参考文献：

[1] 洪磊. 中国基金业现状、问题分析与展望 [EB/OL].（2018-09-25）. http://finance.sina.com.cn/money/fund/2018-09-25/doc-ifxeuwwr7984747.shtml.

[2] 任泽平. 基金子公司：3 年 10 倍的规模增长奇迹与风险 [R]. 2017.

本篇作者介绍：支玉香，前财经媒体人，曾就职于《每日经济新闻》《21世纪经济报道》。

第七篇
销售渠道：变与不变

【编者按】

在本篇里，两位作者带我们回顾了我国基金销售渠道的格局变迁。从银行的一家独大，到互联网渠道的异军突起，再到刚刚兴起的买方投顾——销售渠道和模式的变化是机构竞合的结果，也反映了近20年科技的发展和理念的进步。

开展基金销售业务必须向证监会申请相关的资格，也就是拿牌。目前，商业银行、证券公司、期货公司、保险机构（包括保险代理和保险经纪公司）、证券投资咨询公司、独立基金销售机构都可申请基金销售牌照，不过基金销售的主力还是商业银行、证券公司、独立销售机构这三类机构。当然，基金公司可以销售自家的产品，这叫直销，其余的叫代销。

理性的投资决策通常是反人性的——在哀鸿遍野时下注，在歌舞升平时看到风险，耐得住寂寞，抵挡得住即时消费的诱惑。一个好的销售机构，除了能够遴选出各类基金中的佼佼者，更重要的是能够帮助投资者克服人性的弱点，作出更理性的投资决策。此外，销售机构还应具备帮助投资者进行财务规划、利用基金产品构建组合的能力。

现实中，不少机构其实是在利用人性弱点营销，销售量及相关的佣金收入是他们的目标。在市场情绪极度乐观时全力推新，造就一个个基金巨无霸；在结构性行情中，忽悠投资者追逐热点，频繁申赎。这造成的结果就是所谓的"基金赚钱，基民不赚钱"。当然，把锅全甩到销售机构身上也是不合适的，中国基民的金融素养、股票市场"牛短熊长"的收益特征，也是导致上述结果的两个重要原因。

要解决这个问题，必须三管齐下。调整、优化销售机构的激励安排，引导销售机构从卖方代理转向买方代理；加强投资者教育，培育长期投资、资产配置的科学投资理念；深化资本市场改革，孕育慢牛行情。但说易行难，克服基金销售市场的顽疾，我们还有很长一段路要走。

公募基金公司最核心的事情无非就是投资和销售。单从销售而言，公募基金从诞生起，就从未摆脱对代销渠道的依赖，先是商业银行，再是独立销售机构和互联网巨头，一直牢牢掌握着基金销售的命脉。

这样的局面已经影响到基金行业的发展。在2017年3月举办的第12届中国证券投资基金业年会暨资产管理高层论坛上，中国基金业协会会长洪磊在以“公募基金业的困局与出路”为题的演讲中，特别提道，“产业链发育不足，过多依赖外部销售渠道，代销关系削弱了公募基金募集职责，销售利益最大化加剧频繁申赎，公募基金认申赎总量与资产余额之比达到320%，其中，货币型基金认申赎总量与资产余额之比高达550%；从持有期限看，多数基金投资者并没有把基金作为长期配置工具，平均持有期短，少于1年的占44%，少于3年的占67%”。

这是公募基金的致命伤。发展直销渠道、掌握客户信息、直接服务零售客户，成为公募基金一直追求却难以企及的目标。

一、商业银行：不可撼动的巨头

对于基金业最早的参与者来说，1998年3月23日是个极具历史意义的日子。这一天，中国公募基金首批两只基金——基金开元和基金金泰获批在沪深证券交易所公开网上发行。两只基金均为封闭式基金，存续期15年，发行规模各20亿元。投资者纷纷抢购，认购期间共冻结资金1 616亿元，两只基金的中签率约2.47%。之后，华夏基金的基金兴华、华安基金的基金安信、博时基金的基金裕阳先后发行，5只封闭式基金发行规模总计100亿元，中签率为1.5%~2.5%，平均超额认购倍数55倍，充分见证了投资者对新生基金寄予的无限热情和希望。

封闭式基金的火爆发行开启了中国公募基金销售的前传，而自2001年第一只开放式基金——华安创新发行开始，整个公募基金销售就进入了以银行渠道为主的销售服务模式。受人力、物力等因素的限制，基金管理公司从诞生就存在缺乏面向社会公众销售渠道的缺陷，而网点遍布全国的商业银行在居民理财方面掌握着绝对的渠道优势。

基金托管银行在基金成立后能够持续收取托管费用，而当时国内具有托管资格的托管银行正是工、农、建、中、交等资产规模最大和网点数量最多的几家大行，因此，早期“五大行”就自然成为基金的主要代销渠道。虽然券商也较早开展了基金代销业务，但其体量相对银行来说并不突出。

2001年9月11日，中国首只开放式基金——华安创新在交通银行全国13家代销分行共计138个代销网点限量50亿元发行，分别向个人和机构发售30亿元和20亿元。即使时隔十七年，基金业老销售对华安创新发行时的盛况仍记忆犹新。“华安创新当时对个人投资者采取的是‘总量控制、限额发号、领号预约、凭号认购’的方法发行，成千上万的投资者到交行各网点门前排队认购。北京地区各基金公司的销售人员，每个人都领了证监会下达的任务，到交行各支行‘数人头’，了解客户认购基金的原因和大致金额，实时掌握销售进度。”时任交通银行北京分行西单支行营业部工会主席的顾野鸣回忆，在华安创新开放认购之前，交行内部已经为基金发行至少演习了5次，“当时真的有凌晨4点就去排队的人，现场派了很多保安和督察员保障发行安全”。

第二只开放式基金——南方稳健成长比华安创新晚8天发行，托管和代销机构都是工商银行，通过工行，在北京、上海、深圳、重庆和杭州5个城市的800多个代销网点发售。有了华安创新热销的经历，当时证监会和工商银行联合组成工作组检查网点、加强安保，然而，预期的热度并没有实现，反而发行比较困难。第三只开放式基金——华夏成长基金于11月28日起通过建设银行发行，该基金首日认购2.6亿元，到12月12日发行结束，共募集32亿元。

除了交行、工行、建行，当时的农行和中行也是基金公司的“必争之地”。在某大型基金管理公司前首席市场官看来，农业银行的绝对优势是网点遍布中国城乡，是中国网点最多、辐射范围最广的大型银行。2002年8月，富国基金管理有限公司在农行发行旗下首只开放式基金——富国动态平衡基金，首募规模46亿元。

“但是在当时‘五大行’中，市场化程度最高、最有竞争意识的还是中行”，该首席市场官说，“无论是业务系统、制度建设、网点部署，还是人员培训、激励约束机制方面，中行都作好了充分的准备。2002年成功代销易方达平稳增长、9月代销嘉实成长收益，首募规模都在40亿元以上，战果非凡。”中国银行财富管理与私人银行部副总经理杨柳回忆，为了做好国内首批基金的代销工作，中国银行也作出了很大努力：时任中国银行董事长刘明康亲自安排基金代销工作任务和目标；杨柳本人主导和编写《基金投资100问》等小册子，普及基金理财知识；中国银行自上而下开设了行长培训班、支行行长培训班、理财经理培训班，开展系统的基金知识培训；加紧改造适合基金代销的银行系统等。2004年初，股市异常低迷，中行主导的海富通收益增长基金发行，募集额达130.74亿元，成为中国基金市场第一只超百亿元的开放式基金，一时风头无两。

此后，招商银行以“零售之王”的突出优势在基金销售业务上持续发力。2011年，工行、农行和招行各实现代理销售基金4 223亿元、1 015亿元、1 434亿元，招行的基金代销规模超过了农行。另外，从代销基金占有率来看，平安银行、交通银行、建设银行分列前三位，代销基金只数分别为1 034只、977只和918只，占有率分别为92%、87%和82%。

2012年2月，国家颁发首批第三方基金销售牌照，独立基金销售机构数量快速增长。2014年，泰康人寿成为首家获得基金销售牌照的保险公司，国内基金行业销售机构向着多元化方向发展，而基金行业代销市场格局也在悄悄变化。

2015年4月，蚂蚁金服收购杭州数米基金销售有限公司，得到第三方基金销售牌照，正式布局该领域。同年8月，蚂蚁金服正式推出一站式移动理财平台——蚂蚁聚宝（后升级为蚂蚁财富）。截至2016年9月，第三方基金销售机构已经扩充至107家。2018年，腾讯旗下腾安基金获批基金代销牌照，基金销售市场竞争进入白热化程度。

即使竞争加剧，但凭借其强大的客户基础和获客能力，银行仍能在中国基金业代销版图中占据老大地位。2013年，招行的基金代销规模不及工行的一半，两者分别为4 405亿元和8 881亿元。2014年，工行全年代销基金10 628亿元，超过1万亿元大关。而乘着牛市的东风，销售能力极强的招行基金销售增长速度明显提升，2015年，招行的代销金额已经占到工行的60%以上。2016年是基金代销比较艰难的一年，但招行的表现十分突出，以4 952亿元的销售规模首次超过工行的4 889亿元。2016年12月，招行上线了主打公募基金智能组合配置服务的摩羯智投，推出国内银行业首款智能投顾产品。

2017年，业界俗称的“宇宙第一行”工商银行扳回一局，代理基金销售金额达到9 232亿元，再次奠定其在基金销售领域的王者地位。可以看到，招商银行2017年的基金销量已经超过2015年牛市时的水平，而农行虽然在2017年有所发力，但整体实力还是落后于工行及招行。

表7-1 工行、招行和农行基金代销规模

年份	工商银行基金代销规模（亿元）	招商银行基金代销规模（亿元）	农业银行基金代销规模（亿元）
2017	9 232	7 055	3 373
2016	4 889	4 952	2 570
2015	10 379	6 057	4 055
2014	10 628	6 859	3 918
2013	8 881	4 405	2 756

数据来源：据各银行相关年度报告整理。

2017年，互联网第三方销售巨头——天天基金网实现基金销售4 124亿元。也就是说，从纯基金销售数据来看，一个工行的销售实力仍然等于大约2.24个天天基金网，一个招行则大约等于1.7个天天基金网。我们看到，时移世易，银行在愈演愈烈的基金销售战火中地位下降，但是永远在场。

二、独立销售机构：搅局的鲶鱼

银行在基金销售中的绝对强势，并不是基金公司所乐见的。一方面，银行与基金公司采取的是管理费分成的合作方式，银行大多根据与基金公司的关系或基金公司的激励程度来选择代销产品，基金公司发行成本逐年上升，营销效率却很难得到较大改善。另一方面，银行的销售人员一般均以完成销售任务为主，很难为用户提供合理化的资产配置建议和投后服务。更重要的是，这种典型的B2B2C模式，阻断了基金公司与客户的直接联系，有些基金公司甚至难以拿到用户的联系方式。因此，许多客户只知道是从银行购买产品，却对基金公司知之甚少，基金的品牌建设更加无从谈起。

大洋彼岸的美国，则是另外一种局面。根据美国投资公司协会（ICI）的统计，2010年，除了企业年金，美国共同基金主要有六类销售渠道，分别为证券公司占27.08%、专业咨询机构占25.00%、商业银行占14.58%、基金公司直销占16.67%、基金超市占10.41%、保险经纪占6.25%。

监管层也希望效仿美国，扶持一批以基金代销为主要业务的独立的金融销售机构。2004年7月，天相投资顾问有限公司（以下简称天相投顾）成为专业独立基金销售机构的先行者，率先拿到牌照，并且在长达8年的时间里，都是唯一一家独立基金销售机构。

但道路曲折。证监会虽然核准天相投顾开办开放式基金代销业务，但天相投顾在办理业务过程中不得收取、划转投资者的认购、申购和赎回资金，这意味着天相投顾必须要和有清算资格的银行合作，且银行需要全面改造业务规则、IT系统。直到2009年初，天相投顾才找到了合作伙伴——民生银行，但天相投顾董事长林义相称，银行收取的费用太高，对天相投顾来说，销售基金不但不赚钱，反而亏钱。

此时的天相投顾已是进退两难。2010年3月，林义相对媒体说："谁进来，谁赔钱。"这是他在天相投顾惨淡经营五年后对独立基金销售市场的总结。为了开拓市场，天相投顾组建了70多人的销售团队，但是，"每年赔钱1 000万元"，林义相甚至说，天相投顾"很有可能成为先烈"。

林义相在北京煎熬的同时，远在南方的深圳，则在摸索另外一种创新形式。2006年，联合证券将基金销售创新业务平台分立出来，成立了基金买卖网和众禄研究所（以下简称众禄）。

搭建基金买卖网，是因为众禄最初想做网上基金超市。2007年，众禄获得专业基金销售试点资格后，依托联合证券的交易平台、深圳发展银行的在线支付系统，开始摸索基金独立销售与服务的经验。之后，众禄进行了股权改造，彻底从联合证券中分离，实现管理层持股，薛峰成为实际控制人。

还有一批人在上海演绎自己的故事。2007年，时任汇丰晋信基金公司副总经理的杨文斌离职，拉着几位来自华安、上投摩根、汇丰晋信等基金公司的老朋友，放弃了当时还算不错的收入、职位，组建了上海好买财富管理有限公司（以下简称好买）。这些人分别来自投研、销售、运营、监察、IT等基金公司的关键岗位，在当时亦颇为轰动。

但更专业的团队并未让好买的境况更好。由于独立销售牌照在2004年之后一直暂停发放，好买成立后根本无法经营基金销售业务，只好给大银行的私行部门提供研究服务。靠着售卖研究报告，好买只能拿到一两百万元的年收入。不过，这个苦活没有做太久，好买就发现了新利润点。

2008年，受国际金融危机冲击，公募基金几乎全线亏损，而一批私募却因极低的仓位躲过大跌，好买于是开始关注私募基金，研究海外已经相对成熟的对冲策略、绝对收益理念等。没想到，仅仅是把私募业绩数据放在网站，就吸引了大量高净值客户的咨询，好买便顺势组建了投资顾问团队，开始以线下一对一模式销售私募基金。从那时起，好买逐渐开始盈利，利润包括一次性销售手续费、管理费和超额报酬的分成。

北京的天相投顾、深圳的众禄、上海的好买，三家不同背景的公司，各自埋头苦干，摸索着前行。一直到2012年2月，好消息终于传来，众禄、好买、诺亚正行和东方财富四家机构的基金销售业务资格获得证监会核准，成为继天相投顾之后的第二批独立基金销售机构。这其中，此前最不被看好的东方财富却出人意料地成为一匹黑马。

专栏7-1

东方财富信息股份有限公司成立于2005年，最初以为用户提供财经资讯和金融信息内容为主，同时开展金融广告业务，2006年上线财经互动社区“股吧”和基金开放式资讯平台“天天基金”，2010年在深圳创业板上市，成为首家上市A股的互联网财经门户。获得基金销售业务资格的是其全资控股子公司上海东方财富投资顾问有限公司，此后更名为上海天天基金销售有限公司（以下简称天天基金）。

东方财富并没有基金销售服务经验，但它靠着股吧和基金吧积累了庞大的客户群，这让天天基金在随后而至的互联网基金大潮中迅速崛起。2012年7月20日，天天基金正式对外开展证券投资基金销售业务，截至2012年末，其基金销售额就超过7 000万元。此后一路飙升，2018年上半年，其基金销售额达到3 025.55亿元，同比增长超90%，其中“活期宝”销售额为1 930.21亿元；金融电子商务服务业务收入也达到5.84亿元，同比大幅增长。同时，其上线基金公司从2012年末的41家增长至2017年末的121家，上线的基金产品数量则从2012年末的681只增长至2017年末的5 366只，增长幅度近7倍。

相较之下，起步最早的另外几家公司已与天天基金拉开了量级的差距。同在新三板挂牌的好买财富和众禄基金，2018年上半年基金销售收入分别只有1.95亿元和1 216万元。

而竞争者还在不断增加。仅2012年，证监会就发放了19张基金销售牌照。2015年和2016年，分别发放34张和39张牌照。截至2018年11月底，全市场有基金销售资格的独立基金销售机构和证券投资咨询机构已达130家。

阿里、腾讯、京东等互联网巨头也在全金融牌照战略布局下，纷纷抢食基金代销蛋糕，一时间，送红包、送份额等促销手段，以及费率价格战充斥了整个市场，基金销售江湖格局也被不断改写。

如今，这些独立基金销售机构已经存在明显的两极分化，大机构的代销基金数量约4 000只；一些股东背景一般的机构，代销基金数量则仅为个位数。而在大机构里，拥有流量的互联网巨头多以货币基金作为主打产品，深入研究和资产配置的老牌机构则以权益类基金和私募基金为主打。

杨文斌曾说，独立基金销售机构就是鲶鱼，“我们的出现搅和了原本沉寂的池水”。确实，这潭池水已不再平静，但鲶鱼的力量还不足以撼动银行的地位。独立基金销售机构必须要寻找一条差异化的道路，与银行错位竞争，才有可能闯出天地。

三、互联网企业：优势明显

作为金融销售领域事实上的垄断性巨头，银行对独立基金销售机构的扩容最初是无视的。直到2013年余额宝崛起，基金公司寻求与线上流量平台合作的热情高涨，银行才切实感到了竞争压力。

2013年6月，余额宝横空出世，独家对接天弘旗下货币基金，嵌入了交易场景，打造了资金闭环，优化了产品体验，使这只货币基金一跃成为公募基金市场甚至是整个理财市场上的明星产品。余额宝取得了巨大成功，天弘基金也一跃成为全市场规模最大的基金公司，同时成就了阿里系的蚂蚁财富，其基金销售收入规模超越了天天基金。目前，国内九成以上的基金公司旗下约4 000只公募基金产品已接入蚂蚁财富平台。余额宝平台也陆续向基金公司开放，对接多只货币基金。

2014年1月，另一互联网巨头——腾讯旗下理财通在微信钱包上线，腾讯正式入局互联网基金销售。腾讯理财通入驻的第一只基金是华夏财富宝货币基金。2014年2月，腾讯出资认购独立基金销售机构好买财富18%股份，成为其第二大股东。2015年4月，腾讯再次出资成为其第一大股东，持股26.69%。2018年初，腾讯旗下全资控股公司腾安基金销售（深圳）有限公司取得独立基金销售牌照，腾讯全面拓展互联网理财业务战略目标曝光。数据显示，截至2019年12月底，该平台资金保有量已经突破9 000亿元，用户数突破2亿。

我们所熟知的BAT（百度、阿里、腾讯）网络三巨头中，百度涉足基金业务也比较早。2013年10月，百度推出理财产品“百度百赚”，以基金公司直销前置的模式对接华夏基金的华夏现金增利E。2014年，百度与广发基金合作开发广发中证百度百发策略100指数基金，之后又陆续成立了广发百发大数据策略精选、广发百发大数据策略成长、广发百发大数据策略价值等基金。

在互联网金融的倒逼下，银行也开始了“自卫反击”。2014年初，工行、中行先后推出类余额宝产品薪金宝（对接工银瑞信薪金货币基金）和活

图7–1　腾讯理财通上线微信钱包

期宝（对接中银活期宝货币基金）。5月，农行低调上市了类似产品——农行快溢宝，对接农银汇理货币基金。10月，建行速盈上市，对接建信基金旗下建信现金添利货币基金，工、农、中、建四大行“宝类”货基产品聚齐。

然而，互联网巨头显然并不满足于单纯的钱包性质的余额理财。依托互联网平台的第三方基金销售机构，互联网巨头迅速展开基金销售业务。新的市场格局初现雏形。

2015年，百度联手国金证券，推出国金百度大数据基金。2018年4月，百度宣布旗下金融服务事业群组完成拆分融资协议，拆分后百度金融启用全新品牌度小满金融独立运营。2018年8月，百度旗下百度百盈获批基金销售牌照，百度正式入局基金销售。目前，百度的基金销售归属度小满旗下的度小满理财，在度小满理财页面上共有活期理财及基金理财两个分类，其中，活期理财上销售货币基金及保险产品，基金理财上共计上线广发百发大数据价值等5只混合型和股票型基金。

2017年4月，获得第三方基金销售牌照的京东金融上线京东行家。至此，互联网“四大天王”BATJ已经全部加入基金销售战场。Wind数据显示，截至2018年11月底，京东金融基金代销数量为3 494只。显然，拥有巨大流量的互联网平台BATJ的入局，推进了基金销售市场的大洗牌。

与传统银行基金销售“强者恒强”的现象相同，互联网基金销售领域的“马太效应”也非常明显。同为互联网领域的头部企业，2018年11月，网易理财发布公告称退出基金销售市场，将相关业务聚焦至支付等核心板块，而2017年9月至2018年11月为期一年的过渡期中存量基金理财产品，将迁移回原本的持牌金融机构。早在2017年9月，网易就曾发布公告称将关闭公募基金、基金组合、易钱袋、现金宝的购买入口，赎回入口仍然保留。

有人黯然离去，有人加速布局。腾讯理财通在基金销售领域的布局正在加快。2018年11月，腾讯理财通、腾讯金融科技智库主办了首届“全球指数基金论坛”，发力指数型基金。同时，微信还于2018年11月上线“零钱通”，通过对接基金公司货币基金产品，使用户自动获取理财收益，同时在各消费场景下直接使用零钱通支付。蚂蚁财富方面，继推出首批28家基金公司蚂蚁财富号推出之后，第二批基金公司财富号也已上线，相关基金公司也参与了蚂蚁财富客户服务方面的培训。

很久以前，罗马人在希腊文明的基础上创造了罗马文明，将自己称为“文明人”，而将居住在外化之地的部落称为“野蛮人”。然而，野蛮人经过激烈的战斗，最终攻入罗马城洗劫财富。今天，一直不被传统银行重视的互联网金融开始渗透基金销售市场，基金销售渠道的多元化使整个基金业的交易规模和管理规模迅速增长，电商化比例迅速提高。未来，互联网巨头期望利用平台经济的力量，通过将金融与非金融场景无缝对接打造生态圈模式，一站式服务客户的需求。在这一野心的驱使下，以腾讯、阿里、百度、京东为代表的互联网企业正在将触角从其核心的非金融领域向金融相关领域延伸，生态圈模式使这些互联网企业格外强大。

对基金公司来说，互联网金融企业在基金销售领域正在快速夺取银行的客户；分解并根据人群精细化地包装和组合基金销售产品，是必须重点合作

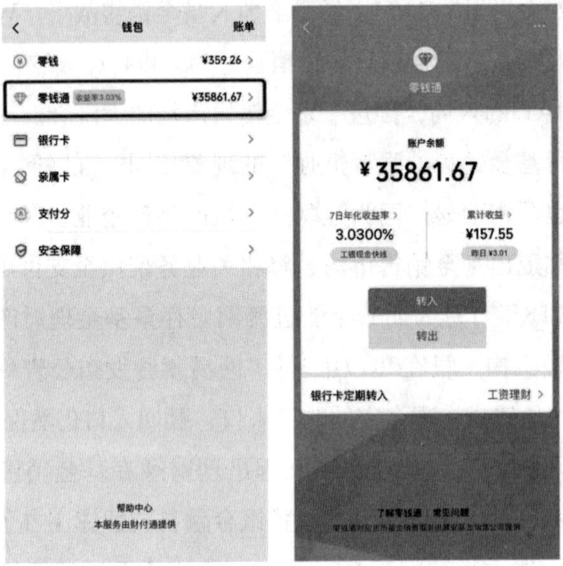

图7-2　2018年11月微信“零钱通”上线

的销售渠道。另一方面，互联网巨头也使基金公司甚至银行都成为产品服务的间接提供者，降低基金公司及传统金融机构的品牌认知度。最后，此前银行渠道瓜分基金管理费、侵蚀基金公司利润的格局并没有因为销售格局的变化而得到大幅改善，发行成本的进一步抬高正在逼近基金公司的生存底限。

四、基金直销：艰难前行

在基金销售市场上，无论是传统商业银行，还是后起之秀独立销售机构，抑或是新兴霸主互联网电商，其盈利模式都是一样的——不仅要收取前端的基金申购费，还要和基金公司进行管理费分成，俗称“尾随佣金”。

这是从基金诞生就立下的不成文的行业惯例。基金公司为了提高新发基金的销售规模或保持一定的基金存量，需将一定比例的基金管理费支付给销售机构，作为客户维护费。由于基金的销售高度依赖外部代销机构，基金公司面对代销机构几乎毫无还价之力，这个分成比例目前平均为50%，之前曾经高达70%。

也就是说，如果代销机构销售1亿元管理费率为1.5%的基金并保有一年，则可以按照至少50%的比例，从基金公司获取75万元的管理费，以及一定比例的申购费和赎回费。而承担了最难最专业的投资工作的基金公司，也只能获得75万元管理费。

所以，一茬接一茬的代销机构的倒下和崛起，对基金公司来说，无非是换了一批又一批的人来分利润而已。基金公司当然是不甘心的。能不能让客户不通过代销机构而是直接从基金公司买基金？最先尝试自建直销渠道的是华安基金。

2001年，华安基金在业内率先成立了电子商务部，并于2003年推出“华安特快”基金电子交易业务，与民生银行打通支付环节。客户可以在华安网站上全程无纸化交易，华安基金也因此成为国内第一家提供7×24小时“全天候”理财服务的基金管理公司。

2009年，汇添富基金从确定了互联网金融业务的发展战略框架，同年7月推出业内首个基金电子账户“现金宝”，2011年又携手中信银行联合推出“货币基金关联信用卡项目”，首次实现了货币基金的支付功能，2012年10月再首次推出货币基金T+0业务。

到2013年余额宝问世、互联网电商横扫全行业后，汇添富凭借早早布局的三大创新迅速崛起。截至2018年6月30日，汇添富“现金宝”平台保有规模超过1 800亿元，个人客户保有量超过6 000万人，机构客户超过3.5万户。“现金宝”APP的下载量超2.4亿次，成为发展较快的平台之一。

但在这股互联网浪潮下，绝大多数基金公司都是跟风者，还没有完全理解基金电商的运营逻辑，就盲目加大对电商平台以及直销APP的投入，频频施展花样繁多的营销手段，申购费率甚至可以低至零。但实际效果一般，线上直销的获客成本和运营维护成本都很高，对于一些中小基金公司而言，已是不能承受之重。而且，基金公司直销有先天的缺陷，只能卖自己旗下的基金，可提供的产品有限。对于投资者来说，在基金公司直销平台买基金，远不如通过银行或独立销售机构购买方便。

还有一些基金公司的直销业务瞄准的是机构客户。在公募基金发展的前10年，这些机构客户主要是上市公司、大型民企、财务公司等，后来逐渐拓展到更广的领域，比如券商集合理财或私募基金募集的资金，发展最快、规模最大的是银行委外资金。

银行委外资金其实是银行通过理财产品等吸引到的大量资金，由于银行自身的投资团队和投资能力无法匹配需求，银行便将这些资金委托给包括基金公司在内的机构来进行投资管理。一般情况下，银行可以和基金公司直接对接，也就是走基金公司的直销流程，通过一对一的合作形式，为委外资金定制产品。

在整个市场“理财荒”的背景下，委外业务迅速壮大。海通证券姜超团队曾测算，2016年末，银行与债券相关的委外规模在4万亿~5万亿元，其中表内基金投资约9 000亿元，表外理财委外为3万亿~4万亿元。受托机构以基

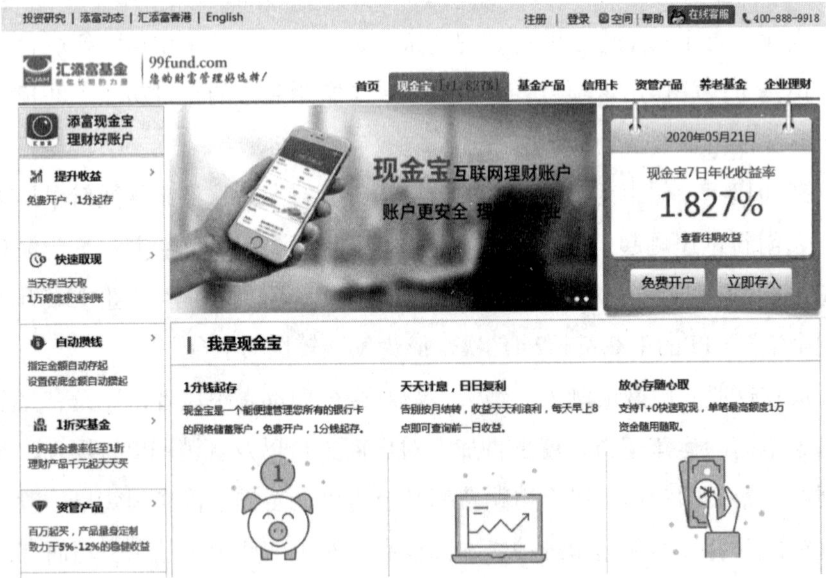

图7–3　汇添富“现金宝”平台

（图片来源：汇添富基金官网）

金公司和券商为主。

但即便有如此庞大体量的委外资金支撑，基金公司的直销业务依然很少。有多位业内人士称，直销业务量在行业中的占比最多只有10%，这已是在情况最好时候的乐观估计。

这样的业务模式还可能受到银行理财子公司的进一步冲击。银保监会发布《商业银行理财子公司管理办法》后，不到半个月就先后有20家商业银行公告拟设立理财子公司。对基金公司来说，银行委外业务的大幅收缩甚至归零几乎已是必然。

基金直销已呈明显的两极分化态势，少数几家基金公司也许能在这条路上走得更远，更多的基金公司可能还需依赖代销机构来壮大规模，但如果能把精力集中在自己最擅长的投资上，未尝不是一件好事。

本篇参考文献：

[1] 范勇宏. 基金长青 [M]. 北京：中信出版社，2013.

[2] 麦肯锡. 凤凰涅槃：重塑全球银行业，拥抱生态圈世界——肯锡全球银行报告 [R]. 2017.

[3] 杨雪婷. 第三方基金销售机构：失败的试验品 [EB/OL].（2010-03-07）. https://finance.sina.com.cn/stock/t/20100307/19367516402.shtml.

[4] 柳灯. 基金销售各方混战 银行渠道地位难撼动 [EB/OL].（2012-11-22）. http://www.p5w.net/fund/fxpl/201211/t4597600.htm.

[5] 陆慧婧. 招行农行基金销售大增 第三方头部机构表现强势 [EB/OL].（2018-08-29）. http://fund.eastmoney.com/a/1593，20180829935933259.html.

本篇作者介绍：王玥，现就职于某公募基金公司，前财经媒体人。

王艳伟，前财经媒体人，曾先后在《第一财经日报》《中国基金报》《证券时报》任财经记者、编辑。

第八篇
基金评价

【编者按】

从事金融相关业务的机构可分为三类。第一类叫存款性金融机构（银行），它们以负债的形式吸收公众存款，发放贷款并以自身资本承担贷款风险，收入体现为存贷利差。第二类叫非存款性金融机构，如证券公司、信托公司、基金公司等，它们协助创设股票、债券、基金等金融工具，并帮助投资者投资这些工具，但自身并不承担投资风险，收入体现为各类佣金和管理费。从资金融通的角度，第一类对应间接融资和信贷市场，第二类对应直接融资和资本市场。

现实中，第一类机构在其资产负债表外（与吸收存款业务无关的部分）也可开展部分不承担风险的业务，如资管性质的银行理财业务。部分第二类机构也可用自有资金进行投资或发放与核心业务相关的贷款，如券商的自营和两融业务，但绝不能吸收公众存款。

第三类机构是金融专业服务机构，包括会计师事务所、律师事务所、债券评级机构等，也包括基金评价机构。它们一方面凭借专业技能和操守，确保金融市场各类信息的准确性和可信度；另一方面通过对信息的专业搜集、分析与呈现，帮助市场参与者更好地识别与管理风险。

基金评价机构为我们选出优质产品提供了一个很好的基础。通过对基金打星进行评价的方式一目了然，当然每颗星星后面都包含着大量专业、复杂的计算过程。基金评价结果对基金投资也是一种很好的激励——评价一般要看至少三年的投资表现。评价机制可以促使基金经理更关注长期收益和收益的稳定性。

但基金评价也仅仅是提供了一个基础。基金评价主要依赖历史收益，而历史收益只能作为未来收益的一个参考。历史收益（即便是用alpha来衡量）有多少运气的成分？基金经理的能力优势是什么？市场环境是否有利于其优势的发挥？基金经理未来的投资思路和逻辑是否清晰？其思路和逻辑有没有潜在的风险点？基金经理离职的可能性有多大？激励是否合理？投资有没有“场外因素”的干扰？要靠谱地回答这些问题，必须结合定量与定性分析，掘地三尺之余，还要加入一定的主观判断。

另外，现在主题基金大行其道，比如科创板开板前销售火爆的科技主题基金，近期各家公司纷纷上报的新基建基金。

总而言之，评价结果是遴选基金的重要参考。在这个基础上，帮助投资者进行资产配置和大类产品选择，选择买卖时点，进一步精选和推荐产品——这些任务还是得由销售机构完成。

大多数人不会仅仅因为一套房子从外面看起来不错就决定购买。我们一定会提前作一次彻头彻尾的走访勘查。房屋的壁炉是否通畅、房顶是否漏雨或者墙体有没有裂缝等。事实上，基金投资也要求同样详尽的调查及研究。

晨星个人理财总监，也是美国最著名的理财顾问之一——克里斯蒂娜·本兹在其著述《晨星共同基金指南：成功的五星策略》中一再提醒投资者：你需要的不仅是对一只基金表面层次的惊鸿一瞥，知道这只基金的过往表现良好并不是一个让你拿真金白银去冒险的充足理由。你需要知道，你的基金怎样投资，它是否适合你。

通过大量的可获得的、公开的基金历史投资数据进行数量分析，并以定性与定量综合分析而得出结论、为投资者消除迷雾正是基金评价行业的意义所在。

过去二十年间，中国基金业作为一种新兴事物蓬勃发展并在短期内迅速成长。随着基金品种的多元化发展和基金市场总值的迅速膨胀，建立独立并具公信力的基金数据库和评价机构，已经成为中国新兴基金业和基金市场持续健康发展的迫切需要。

正是在这种背景下，基金评价行业如雨后春笋、破土而出。1998年至1999年，伴随中国公募基金业著名的“老十家”基金公司相继成立，一些投资咨询类的公司也开始参与基金评估工作，如深圳鹏元资信评估公司、康和理财顾问等都曾开展早期的基金评级。

然而，与任何新兴产业一样，早期的中国基金评价业带有市场初创时期特有的草莽气息，野蛮生长、鱼龙混杂。直到2001年6月，中国银河证券有限责任公司发起设立基金研究与评价中心，才首次打破国内专业基金评级机构的空白状态。

一定程度上，群雄逐鹿的基金评级市场正面促进了基金市场的繁荣，但也面临着评价缺乏公信力、标准紊乱，让投资者无所适从的问题。

2010年，中国证监会和中国证券业协会确立首批10家机构获得基金评价资格。基金评级机构“正规军”的出炉，意味着国内的基金评级工作开始进

图8-1 发起国内首个基金研究与评价中心的中国银河证券公司

入有序发展阶段。

监管要求的提升及相关法律法规的健全和完善，让基金评价行业翻开了新的篇章。近年来，公募基金内部的基金评价力量也在慢慢崛起，特别是FOF的推出，使得基金公司内部也存在对全市场基金评价的需求。目前，已经发行或正在筹备FOF产品的基金公司多数已经成立资产配置部门，开始跟踪和评价市场上基金的业绩波动与特征，为FOF投资构建底层的基金组合。未来，也许基金公司内部评价体系将成为基金评价市场的重要支流。

我们看到，基金评价机构受益于中国公募基金快速成长。全面、客观、中肯的评价机制和独立的第三方评价机构是确保市场上各方投资力量能够“投”其所好、各得其所的重要基础，是提高市场效率、维护市场稳定和促进市场繁荣的一个必要前提。

一、发轫之初

2000年8月，中国银河证券有限责任公司成立。中国银河证券基金研究中心总经理、基金评价业务负责人胡立峰回忆，当时基金行业还处于从不规范到规范发展的起始阶段，也是摸索的阶段。从发行情况来看，1998—1999年封闭式基金共发行19只，2000年无一只基金发行。但中国银河证券有限责任公司成立时，公司领导就非常看好中国基金行业的发展前途，决定组建基金研究中心，配备专职研究人员，跟踪基金行业发展态势，开展基金研究与基金评价工作。

2001年6月12日，经过半年多的筹备，中国银河证券有限责任公司基金研究中心正式成立。同年，华安基金发行了首只开放式基金，募集份额达到50亿份，创历史新高，开启了开放式基金的时代。截至2018年6月末，公募基金的发展规模已达12.75万亿元。得益于具有前瞻性的决策，银河证券基金研究中心也在基金评价行业树立了其王者地位。

而胡立峰个人对基金业的关注则更为久远。“大概从1998年中国基金业诞生之初，我就对基金这种新鲜事物非常感兴趣。当时就创立了‘立峰基金研究网’，把个人对基金的感言、感想之类上传。现在看来，就是非常简单的资料上传，还没有系统地归集、整理，但那代表了基金评价在我内心的启蒙”，胡立峰说。不仅如此，当年在厦门联合信托投资公司证券营业部工作的胡立峰，还在《中国证券报》开辟了一个基金专栏，以文笔流畅而产量颇丰著称。

2001年4月，胡立峰加入银河证券，与杜书明一起负责基金研究中心的组建工作。从2005年全面主持工作以来，胡立峰及其带领的银河证券基金研究中心非常重视核心业务系统自主开发。2006年初，中心开发建设了“中国银河证券基金研究评价资讯系统”，在基础数据、研究标准、业务规则、技术开发、研究模型、研究产品和应用展示等方面形成自主的一体化体系。2011年8月31日，中国银河证券基金研究与基金评价服务专区正式对外发布。

可以看到，此时的银河证券已经规划好了自身的商业蓝图，开始有意识地为机构提供“专业、专属和定制化”的研究评价咨询服务。其基金研究与评价服务针对基金管理公司、商业银行、保险公司和其他机构划分为不同专区，满足不同类型用户的需求。到2017年末，银河证券基金研究中心的商务运作已经非常成熟，其网站上开始公示基金研究中心标准化产品服务一览表。2018年，银行证券基金研究中心针对基金公司、基金托管人、基金销售机构及基金投资管理机构提供的基金评价服务实行全面收费。

目前，在专业领域充满激情的胡立峰还在行业内大力推荐银河证券基金研究团队打造的银河慧通系列APP，将其作为基金研究、基金评价及基金投资顾问业务的移动互联网工具进行推广，志在为用户提供专业基金内容与极致服务体验。

从很多方面看，银河证券基金研究中心都打上了胡立峰个人的烙印，像范勇宏之于华夏基金、高良玉之于南方基金。事实上，作为细分子行业的基金评价行业，像胡立峰这样从业时间超过10年的“元老”不到10人。2018年，中国基金业发展20周年论坛上，胡立峰荣获“中国基金业20周年杰出专业人士”奖。

二、抢滩中国

2003年，大名鼎鼎的国际基金评级权威机构Morningstar晨星抢滩中国。当年2月20日，晨星中国总部晨星资讯（深圳）有限公司成立。由于晨星的品牌被广大机构和个人投资者所认知和信任，晨星刚登陆中国，就引起广大投资人的关注。

晨星公司成立于1984年，目前已经成为世界上最权威和最具影响力的基金评级机构。晨星公司于1985年首次推出基金评级，借助星级评价的方式，协助投资人更加简便地分析每只基金在同类基金中的过往业绩表现。1992年，晨星创立了基金投资风格箱，将基金细分为成长、价值、混合三种，每种又分为大盘、中盘、小盘，共计9个类别。1996年，晨星公司引入分类星级评价方法，对基金进一步细分。2002年，晨星公司在原有基础上进行改良，启用新的星级评价方法，基金分类数量增加且更加细化，同时启用期望效用理论来衡量基金风险调整后收益，更加注重反映基金资产的下行波动。

晨星（中国）基金研究总监王蕊将晨星（中国）的定位生动地概括为“传教士”。王蕊2005年入职晨星（中国）至今，感受最深的是：晨星自始至终在做同一件事，那就是专注于评价业务本身，持续为投资者提供简单、好用的投资分析工具。

“晨星基金评价从创立以来，对自己的定位就是投资者的‘WATCHDOG’（看门人），以建立全面、前瞻性的产品评价体系并引导投资者关注基金的基本面为己任。而进入中国市场，晨星希望有机会将我们在美国市场基金评价的成熟经验带入中国，传道授业，参与推动中国基金业的进步，为中国基金业百花齐放的发展尽绵薄之力”，王蕊说。

晨星公司当时瞄准中国市场时，计划是让晨星成为中国基金业最可靠、准确和全面的数据资料库，帮助中国基金业引进成熟的行业标准、操作流程以及其他有助于市场发育和行业成长的策略和方法，也希望作为国际知名品牌的“晨星”同样成为中国投资大众所熟悉、所信任的品牌。

作为具有悠久历史的评价机构，晨星公司建立了一整套完善的基金行业研究逻辑。从微观层面，进入投资者大众视野的晨星星级评价做的就是用简单而直观的方式向个人投资者展现基金过往风险调整后的收益，为他们评价和挑选基金提供最基本的参考和指导。随着基金行业的发展与投资者经验的丰富，晨星公司还在构建定性评价体系，旨在透过业绩现象探寻基金背后的投资管理能力，帮助投资者从中长期角度判断哪些基金值得长期投资。

中观层面上，晨星公司于2004年8月在美国推出基金公司信托责任评价（Stewardship Grades），旨在帮助投资者直接了解哪些基金公司是全行业中最优秀的，哪些基金公司时刻以持有者利益为重。晨星基金公司信托责任评价，从回报和风险等定量评价以外的角度，根据基金的营运方式、基金管理公司和基金董事会利益的一致性程度以及防范利益冲突和保护投资者利益的程度，对基金能否良好履行其信托责任进行定性评价。

最后，从更宏观的角度看，晨星公司致力于全球投资者环境的评价。晨星公司认为，长远来看，全球监管或市场一体化是资产管理行业发展的主要趋势，基金互联互通制度安排使不同市场的投资者相互连接，投资市场的纵深化、产品的多元化有助于投资者实现全球资产配置的目标，中国的基金业也正随着资本市场的不断开放向国际化发展。自2009年开始，晨星公司选定来自北美、欧洲、亚洲及非洲共25个国家和地区的投资者对他们基金投资时的体验进行研究，评估的范畴包括监管机构的架构以及法规的有效性、基金税负、基金披露的透明度、基金销售机构的行为、媒体的角色与作用。2017年的研究结果显示，没有市场获得最低评级，且超过一半的市场总评级为中等，表明在全球化、监管加强和业界实践最佳原则的背景下，多个市场的投资者体验得到广泛改善。其中，中国基金行业最具有吸引力的是完善健全的法律框架和制度规范、相对全面而综合的信息披露，而在持续降低基金运营费率、全面停用佣金制度以及以独立财务顾问为主要销售渠道方面，中国公募基金行业仍有继续探索的空间。

从盈利模式来说，晨星公司有专注评价领域的底气。实际上，晨星公司赖以起家的业务虽然是基金评价，但它并非单纯的基金评级公司。晨星公司拥有业内最完整、最强大、最权威的数据库，几乎覆盖了全球所有主要的资本市场，提供的投资数据超过500 000个项目，包括股票、基金、私募产品以及全球实时数据，为个人投资者及机构投资者提供最及时、最有价值的相关信息。2005年，晨星公司在美国纳斯达克上市。2006年，晨星公司收购了著名的资产配置管理公司Ibbotson Associates，取得投资管理牌照，实现了资产配置与基金研究的结合。2016年，晨星公司收购全球数据研究机构Pitchbook的私募股权数据，实现了公募到私募数据业务的拓展。目前，晨星公司的盈利来自全球数据提供、投资分析软件及理财规划软件及服务，为个人投资者、投资顾问、基金管理公司、退休计划发起机构及私募领域的机构投资者提供基金、股票的分析及评级。晨星公司亦提供投资管理及顾问服务。截至2017年9月30日，Morningstar所管理以及给予投资建议的资产约2 200亿美元。

三、入场与出局

中国银河证券与晨星公司是中国基金评价市场中最早进入并逐渐成为行业典范的代表企业。在行业格局形成之前，经历了零星发展阶段后的第三方基金评级机构逐渐增多。

2001年，海通证券研究所基金研究团队就组织专人开展基金研究工作。根据已有资料，天相投顾及招商证券研究发展中心几乎也在同一时间开展基金评价和研究领域的业务。

2003年3月17日，中信证券正式对外发布中信基金评级系统，并首次在《中国证券报》上公开发表基金评级报告，但中信证券并非独立的评级机构；而且，作为国内大型券商，中信证券与基金公司也存在利益关系，并不能满足基金评级机构的独立性要求。

2003年5月6日，中国科学技术大学金融工程实验室初步完成睿信基金评级系统，公布了中国第一份独立第三方的基金评级报告——《中国基金排行榜》，但睿信评级在使用统计数据时，没有采用国际通用的全球投资绩效表现标准GIPS全称（Global Investment Performance Standard），并且睿信在后面几年的发展中也不尽如人意。

2005年，隶属于北京济安金信科技有限公司的济安金信基金评价中心开始从事基金评价业务研究。

与此同时，各种媒体杂志、网站争相推出基金评价，如《证券时报》基金评价、和讯网评级、东方财富网评级、基金买卖网赛先生评级、爱基网同花顺基金评级等。各大券商也相继推出基金评级，连科研机构也作为第三方加入基金评级行列。

2009年，上海证券引进“上海市千人计划特聘专家”、美国金融学博士王毅与公司骨干李艳协同建立并完善上海证券基金评价研究体系。上海证券基金评价研究中心还从当时的“业界前辈”中挖掘人才，现上海证券创新发展总部总经理、基金评价研究中心负责人刘亦千即来自天相投顾金融创新部。

2010年5月18日，经过中国证券业协会专家评估组的评估，向中国证监会备案，最终确立首批10家机构获得基金评价资格。10家“正规军”中，第一类为证券投资咨询机构及独立基金评价机构，分别是晨星资讯（深圳）有限公司、天相投资顾问有限公司和北京济安金信科技有限公司；第二类是证券公司，分别是中国银河证券有限公司、海通证券股份有限公司、招商证券股份有限公司和上海证券有限责任公司。此外，中国证券报社、上海证券报社和深圳证券时报社成为“正规军”中的媒体军团，此三家媒体还获得了开展基金评奖业务资格。

自此，基金评价业的江湖格局初定。中国证券业协会要求基金管理公司、基金代销机构在第一批基金评价机构名单公布之日起一个月以内，撤换公司网站已经公开引用的名单之外的机构所发布的基金评价结果，停止印发含有名单之外的机构评价结果的宣传材料。

四、评价江湖的派系之争

尽管晨星公司在2003年进入中国市场时，确实重点考虑过怎么实施和推进经营运作以及分析研究的本土化进程，以避免出现“水土不服”的现象。但在如今的基金评价江湖中，晨星公司仍然是一个独特的存在。

以被广泛引用的银河证券基金评价体系为例，其掌门人胡立峰曾公开表示，银河证券基金评价体系最大的优势是分类。银河证券基金研究中心的分类方法属于“事前法”，这主要是指依据基金契约或基金合同来确定基金的类别。银河证券基金研究中心按照基金招募说明书和基金合同约定的投资方向、投资范围、投资方法、业绩比较基准和基金风险收益特征等对我国的证券投资基金进行分类，并制定《中国银河证券公募基金分类体系》。该分类体系从2001年开始推出，是我国最早的基金分类体系，经过数次优化和升级，该体系已经成为国内基金分类的主要标准之一。事实上，基金的排名也是基于这种分类的，而国内最早的基金业绩排名也是出于银河证券基金评价中心。

不仅是银河证券，2010年获得资格的7家基金评价机构中，6家基金评价机构采取的都是事前分类方法（上海证券以事前分类为主、对招募说明书中没有明确说明投资比例的基金采取事后分类的方法）。晨星则延续自己国际化基因，其基金星级的评定主要采取事后分类的方法。晨星公司（中国）始终认为，事后法才是真正以基金投资组合实际状况为依据对基金进行的类别划分。“事后分类的优势是可以和基金实际资产配置状况一一匹配，仅仅按照契约分类就做不到这一点。另外，伴随全球基金市场的互联互通，与全球一致性的基金分类与评价有助于产品之间的比较，其优势也在逐步体现。”这是晨星中国基金研究总监王蕊的意见。

晨星公司在基金评奖业务上也是独树一帜。晨星公司针对中国市场超5 000只的“海量”公募基金，每年只评出五个奖项，分别是激进配置型年度基金奖、混合型年度基金奖、激进债券型年度基金奖、普通债券型年度基金奖及纯债型年度基金奖。晨星年度基金奖是晨星基金评价体系的重要组成部分，在全球享有盛誉多年，加之奖项极其稀少，含金量极高。事实上，晨星公司在美国的本土奖项更少，每年仅三个奖项，分别为股票型基金类、混合型基金类、债券型基金类。归其原因，晨星公司成立至今，始终清楚要做什么，评奖只是其大的评价体系中的一环。评奖的目的是优中选优，对当年度业绩最突出而历史业绩也表现稳定的优秀基金管理人予以肯定，并为投资人进行长期投资选择提供参考，同时也希望向投资人传递晨星评价基金的主要思路。

派系不同，未必有优劣之分，但这种区别是对国内外基金评级机构的评估框架、运营机制以及研究逻辑的一种映射。晨星公司作为最具有影响力并为全球基金评级提供参照的国际评级公司的代表，在评级业务上经历了长期的探索和实践。王蕊提供的一张晨星公司解决方案图中，在基金研究的工具领域，晨星公司将排名、评价、量化、质化四个概念进行两两组合，清晰地向投资者展示了不同工具的应用场景以及这些工具的演变规律。

晨星基金打分卡从定量的角度出发，旨在对基金进行综合分值的排序，为投资者筛选优质基金提供良好依据。晨星定性评价从质化角度对单一基金进行金牌、银牌、铜牌、中性和负面的评价，目的在于帮助投资者认识一只基金的基本面，并从是否能够在完整周期战胜市场的角度给出分析师的意见。而定量分析和定性评价的结合体现了晨星定量评价的精髓，其通过大数据以及机器学习的方式，将定性评价背后的数据逻辑量化，实现对基金业绩前瞻判断的同时，也实现了全市场基金的覆盖。相比而言，国内的基金评价暂时还主要体现在定量的角度，尚没有深入地进行定性评价。

基金评价是小而精的细分行业，却也是与基金业共生的重要行业。中国基金市场在20年间浓缩了海外成熟市场几十年的发展历程，已经发展成为制度最健全、运作最规范、信托关系履行最彻底的资产管理业务形态，中国的基金评价机构得益于、也贡献于这一伟大的进程。

本篇参考文献：

[1] Christine Benz. Morningstar Guide to Mutual Funds: Five-Star Strategies for Success（2nd Edition） [M]. New Jersey：John Wiley&Sons，Inc.2005.

本篇作者介绍：王玥，现就职于某公募基金公司，前财经媒体人。

第九篇
分级基金浮沉

【编者按】

在本篇里，作者支玉香带我们回顾了分级基金的诞生和发展历史。

金融交易的本质是现金流的交换。金融工具通过对现金流的组合或拆分，促进交易的发生。

基础金融工具的现金流结构很好分析，只涉及简单的切分、加总和传递。衍生品的现金流交换则要复杂很多。期货、期权等“传统”衍生品属于对赌，本质是对“零”现金流的拆分。次贷危机时流行的种种结构化产品，实为对简单现金流（次级贷还贷现金流）的分级甚至多次拆分，拆分后的子现金流形成了风险收益特征不同的各类衍生证券。

交易的发生则基于预期不同或偏好不同。买入股票者看涨股价，卖出者看跌股价，是因为预期不同；借款者需要消费、置业，借出者需要回款收益，是因为偏好不同。健全的金融市场应提供尽量完备的现金流组合，让价格反映最优预期，同时能够满足不同个体的偏好。

分级基金是对（母）基金投资收益的分级拆分，结构并不复杂。其中，A份额放弃基金投资收益，获得几个点的固定收益；B份额获得基金的全部投资收益，同时需付给A固定收益。如果坚持分开募集、封闭运作、份额不上市交易，应该不会出什么问题。但这种“清水挂面”式的分级产品，缺乏必要的流动性和灵活性，很难做大。

市场的创新能力是非凡的。多次迭代以后，中国的分级基金形成了持仓透明（母基金以指数为主）、三类份额均可上市交易并可互相转换、存在上下折算机制的典型模式，精巧程度令人叹为观止。但是，问题始终存在，一是申赎与交易时效性不同，基金净值与交易价格之间的传导总有时差，套利机制不顺畅；二是产品运作机制与涨跌停板交易制度天然冲突。这两个问题是分级产品退出历史舞台的主要原因，但机制不畅带来的若隐若现的套利机会，可能也是分级产品能够在特定的市场环境中迅速做大的一个推手。

严格地讲，分级基金的子份额是典型的衍生证券，已经不能算真正意义上的基金了。在我国的实践中，分级产品的设计创新都是由基金公司主导的，但理论上，这些应该是券商的事，而且券商得用真金白银切实承担起做市商的责任。

“给我一个支点，我可以撬动整个地球。”阿基米德发现的大自然的杠杆效应，2 000多年后被金融家们运用到了金融产品中。与美国等成熟资本市场可通过融资、结构分级以及衍生品等多种途径提供杠杆的情况相比，国内真正意义上的杠杆投资工具较为有限。

国内的分级基金于2007年产生。分级基金并不是中国资本市场上的首创，它起源于英国，在美国生根，并逐步发展成为具有中国特色的投资品种。分级基金的基本原理是通过不同的收益分配机制，赋予A、B两类子份额以不同的风险收益特征。A端的客户把钱借给B端，所以A端客户在理论上是保收益的；B端客户则是杠杆操作，因此波动也较大。

收益与风险相伴而生。杠杆如一把双刃剑，它在放大投资收益的同时，同样也会给投资者带来更多的损失。这一特点在2015年的大牛市及随后泡沫破灭的市场中表现得淋漓尽致。有投资者因为B份额在牛市中成就了财富神话，也有投资者因为B份额的下折而家财散尽。

无论是爱还是恨，是希望还是幻灭，这类基金品种正在消亡。

一、艰难创新

鲁迅先生曾称赞：“第一个吃螃蟹的人是很令人佩服的，不是勇士谁敢去吃它呢？”

2007年，时任国投瑞银总经理的尚健和国投瑞银产品总监的包爱丽成为分级基金中第一波吃螃蟹的人。

专栏9-1　分级基金的概念和份额划分

分级基金是指事先约定基金份额的风险收益分配，将母基金份额分为预期风险收益不同的子份额，并可将其中部分或者全部类别份额上市交易的结构化证券投资基金。其中，分级基金基础份额称为“母基金份额”或“基础份额”，预期风险收益较低的子份额称为“A份额”或“稳健份额”，预期风险收益较高的子份额称为“B份额”或“激进份额”。在投资运作方面，母基金大多为被动跟踪某一特定指数的指数基金。基础份额、A份额、B份额，三类份额的资产合并运作。分级基金中三类基金份额的净值关系如下：母基金净值＝A份额净值 × A份额所占比例＋B份额净值 × B份额所占比例。A份额按某种规则约定一定的收益率，最常见的如：银行一年期定存收益率＋3%，母基金净值扣除A份额净值后的剩余部分就是B份额净值。

2007年6月20日，深圳证券交易所国际会议中心座无虚席，这是深交所主持召开的创新型封闭式基金产品研讨会。50多个座位的会议室，来了近60家证券公司的200多名基金销售业务负责人，参会者把过道围得水泄不通。

包爱丽，毕业于美国常春藤名校，有着华尔街工作经验。会议当天，她外着西装，内搭一件白T恤，不俗的就是这件白T恤，图案是一位著名画家的手绘。等她演讲时，她的开场白就从她这件白T恤开始：“一个小小的亮点能让一件普通的白T不普通，分级模式也将点亮国投瑞银瑞福分级股票型基金。”

事实上，国内第一只分级基金——瑞福分级基金不仅点亮了国投瑞银，也重启了已经停摆了5年之久的封闭式基金发行市场，点亮了整个公募基金市场，甚至资本市场。

在2007年之前，国内封闭式基金一直呈现出高折价率，二级市场表现并不活跃。自2002年8月基金银丰发行以后，再无封闭式基金问世。

2006年11月召开的第31次基金联席会上，时任证监会主席的尚福林明确表示“鼓励推出创新型的封闭式基金产品”，国投瑞银、大成基金等随后便开始了对创新型封闭式基金的研究和产品设计。

瑞福分级成为封闭式基金市场停摆5年来的首只封闭式基金，也是国内第一只分级基金。

瑞福分级是一只主动型股票基金，由瑞福优先、瑞福进取两级份额构成。据说，当时的瑞福进取有个更为贴切和直白的名字——“瑞福杠杆”，但杠杆两字，在中国资本市场历来敏感，于是就有了相对委婉又不失其义的瑞福进取。

瑞福优先的收益率为一年期存款利率加3%，在进行收益分配时，管理人将优先满足瑞福优先的基准收益分配，剩余部分由瑞福优先和瑞福进取按照1：9的约定比例共同参与分配。瑞福优先的收益率在每年1月1日按照当时的一年期存款利率调整一次。对于瑞福优先，还专门设定了收益/本金保护机制，体现了投资分级、收益分级的特征，满足了投资者的不同风险偏好。

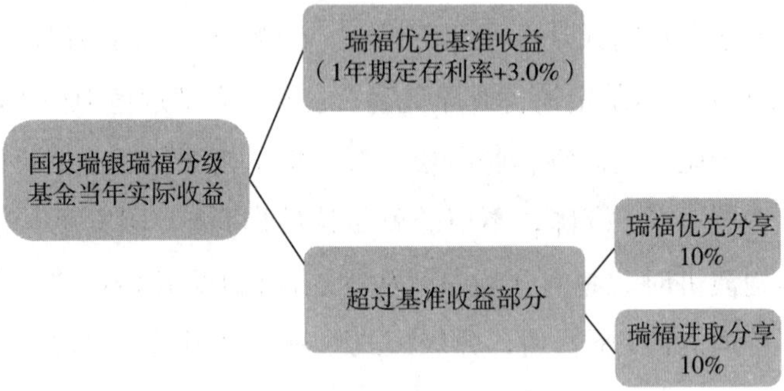

图9-1　国投瑞福收益分配规则

（资料来源：海通证券）

瑞福分级也像普通封闭式基金一样设定了5年的存续期。5年之后，该基金转型成了国投瑞银瑞福深证100指数分级基金。

瑞福分级的发行和传统封闭式基金的发行一样，采取定量发行方式。不同的是，瑞福优先和瑞福进取通过不同渠道分开募集，募集比例各为30亿份，其中瑞福进取网上、网下分别募集24亿份、6亿份，募集到账的资金合并运作。

7月9日，瑞福优先份额开始发售，至7月13日达到30亿份规模上限，提前结束募集；7月10日，瑞福进取份额开始面向机构投资者的网下发售募集，当天认购额40.34亿份，超过6亿份的规模上限，提前结束募集，配售比例为14.87%；7月12日，瑞福进取开始网上发售，当日认购额50.83亿份，超过24亿份规模上限，提前结束募集，配售比例为47.21%。

在流动性方面，瑞福进取在深交所上市交易，瑞福优先则每年开放一次，每个开放日为自合同生效之日起每满一年的最后一天，每个开放日集中办理申购赎回。

瑞福进取不仅有杠杆，还具有稀缺性，所以上市以后长期处于溢价交易，这也就意味着首发时买入瑞福进取的投资者，一上市就能赚钱。但瑞福进取的运作模式对投资者而言相对复杂，因此，从二级市场上的交易量来看，这个新鲜物种并未掀起很大的波澜，2008年、2009年一度出现单日成交量不过10万元的境况。

瑞福分级打响了分级基金的第一炮，而长盛同庆则成为了分级基金的第一个大赢家。

2009年5月，长盛基金推出了长盛同庆分级基金，也是一只封闭式主动型股票基金。该基金与瑞福分级不同的是，投资人直接认购长盛同庆分级基金，在基金成立时，按照4∶6的比例自动分离为同庆A、同庆B 两类份额，登记在不同的基金代码下，同庆A每年获得5.6%的约定收益率。该基金在3年的封闭期内不进行收益分配，只在封闭期末对所有份额进行份额折算。

在封闭期末，如长盛同庆的净资产等于或低于同庆A份额的本金及约定应得收益的总额，则长盛同庆的净资产全部分配给同庆A份额，如果仍存在额外未弥补的同庆A份额本金及约定收益总额的差额，则不再进行弥补。当长盛同庆基金份额净值超过1.6元时，即基金份额总收益率超过60%，则再次将基金份额净值超出1.6元的超额收益部分的10%分配给同庆A基金份额。

回到2009年，我们刚刚经历了2008年的熊市，长盛基金一度担心封闭期为3年的基金未必能得到社会认可，最初的期望募集规模仅为20亿元。

随着市场的逐步回暖，市场上其他新基金发行势头也慢慢好转，长盛基金在发行产品前，将期望募集规模调整到了60亿元。

彼时，无论是长盛基金还是券商研究机构都纷纷认为，有着瑞福进取的

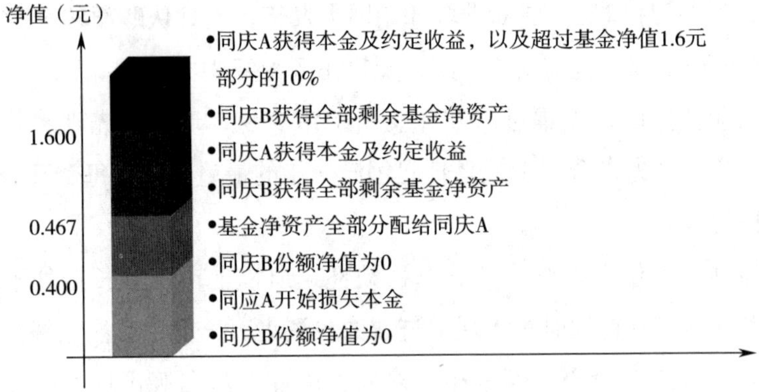

图9-2　长盛同庆收益分配规则

（资料来源：海通证券）

"前车之鉴"，同庆B上市之后将会长期溢价，这也就意味着申购必有套利空间。

2009年5月6日，长盛同庆发行的第一天，市场关注度很高，还有传言认为长盛同庆有望首日过百亿元。当晚，长盛基金公告，次日停止发行。原本5月6日—6月3日的发行期，从5月7日起（含7日）不再接受投资者的认购申请。

最终，长盛同庆给出了惊人的答卷：首发规模146.87亿元。

这是市场上并不多见的百亿元基金，创出了2008年以来基金单日募资和首发规模新高。就在一年前，明星基金经理王亚伟掌舵的华夏策略精选，一日募资15亿元的发行规模已令市场唏嘘不已。长盛同庆量级的突破，让同业艳羡。

对比首只分级基金，瑞福分级收获了名气，长盛同庆收获了沉甸甸的果实。或许，正是国投瑞银的耕耘成就了长盛基金的收获。

然而，同庆B 上市首日（2009年5月26日），79.31亿元规模的B份额争相套利，B份额上市首日下跌4.51%，收盘折价6.62%。

二级市场预期之外的走势，让亏钱的投资者大呼不解，甚至去营业部闹事。这在无形中给长盛同庆的运作带来了一定的压力，之后，同庆B长期处

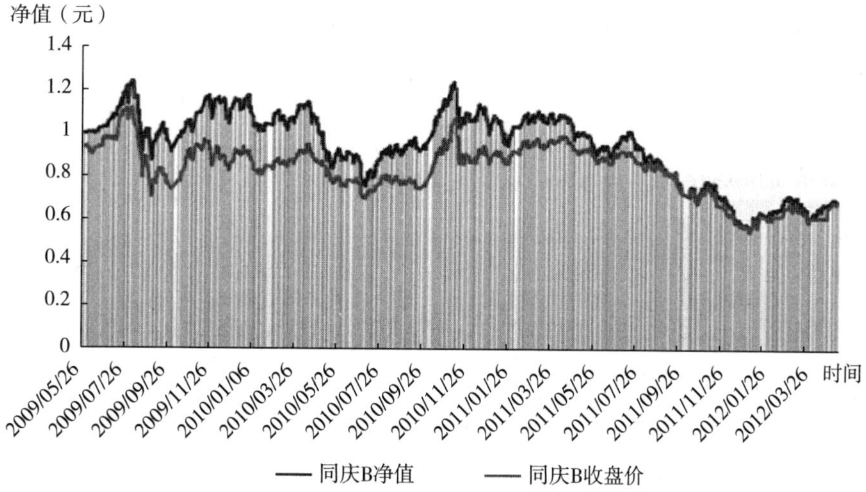

图9–3　2009年至2012年同庆B净值与市价表现

（数据来源：Wind资讯）

于折价状态。

尽管如此，长盛同庆这只基金仍然改变了长盛基金的命运。发行长盛同庆之前，长盛基金的资产管理规模为270.71亿元，近150亿元的新增规模，让公司的资产规模达到近420亿元，在全国60家基金公司中的排名，也由第28位上升至了第19位，跻身前20。

我们再来对比一下瑞福分级和长盛同庆。如果前者是分级基金1.0版，分开募集、主动投资、有固定期限；那么，长盛同庆为分级基金2.0版本，统一募集、主动投资、分离交易，有固定期限。

二、一往无前

2009年，为了鼓励基金产品创新，监管部门陆续启动了5条产品审批通道。允许基金公司同时上报QDII基金、股票型基金、债券型基金、创新类基金和专户“一对多”5类产品以降低产品创新成本并缩短审批时间。凭借着政策的春风，分级基金获得了快速发展。

创新基因极强的国投瑞银不走寻常路。就在长盛同庆成立的5个月后，2009年10月，瑞和沪深300指数分级基金成立，这标志着分级基金3.0版问世了。

该基金的运作方式由之前的封闭式运作转变为开放式运作，即瑞和沪深300可以随时申购赎回。

投资方式由主动投资演化为被动投资，瑞和沪深300指数基金跟踪的是沪深300指数，投资者可以根据沪深300指数当日涨跌估算基金净值涨跌，从而给出相对合理的交易价格。

该基金A、B两类份额在不同净值区间的初始杠杆倍数不同，在基金存在正收益时，初始杠杆倍数最高达1.6倍，并可通过每运作周年末的份额折算实现当年收益。

值得一提的是，这只基金设置了母基金和AB两个子基金之间的配对转换机制。瑞和沪深300基金按照1∶1的比例分为瑞和小康、瑞和远见两个子基金份额。配对转换机制是场内外转换，场内份额按照分离比例合并后可以转换成场外基础份额，场外基础份额也可以转托管至场内，并按比例分离成稳健份额和激进份额。

配对转换机制堪称绝妙，可以消灭分级基金二级市场的折溢价率，其中也暗含着套利机会。配对转换机制为未来分级基金留下宝贵的经验，也给分级基金带来了巨大的生命力。

2010年，国联安双禧中证100、兴全合润分级、银华深证100、申万菱信深证成指分级先后诞生，这些分级基金勾勒出了分级基金3.0的模样。其中，脱颖而出的是银华深证100分级基金。

在场外，银华深证100分级基金等同于一只普通的指数基金。在场内则同时存在三类份额，投资者在场内申购银华深证100母基金份额，可选择按照1∶1的比例确认为银华稳进和银华锐进份额。

值得一提的是，银华深证100首创了向下不定期份额折算机制（简称下折），在下跌时一方面保障了A类份额的本金及收益安全，另一方面对B类份额持有人的资产也进行了适度保护。与下折对应的，为了保护B级杠杆的长期有效性，还设计了上折。

2010年4月，银华深证100分级基金面世。当时发行期市场低迷，银华深证100首发共募集22.03亿元，中规中矩，不及此前成立的两只分级产品。但是，2010年6月7日，银华深证100上市首日创造了A、B两类份额双溢价的历史记录。银华稳健、银华锐进分别溢价1.49%和1.95%，成为中国基金业史上首只在上市首日出现“双溢价”的分级基金，银华深证100的产品模式获得了市场认可。

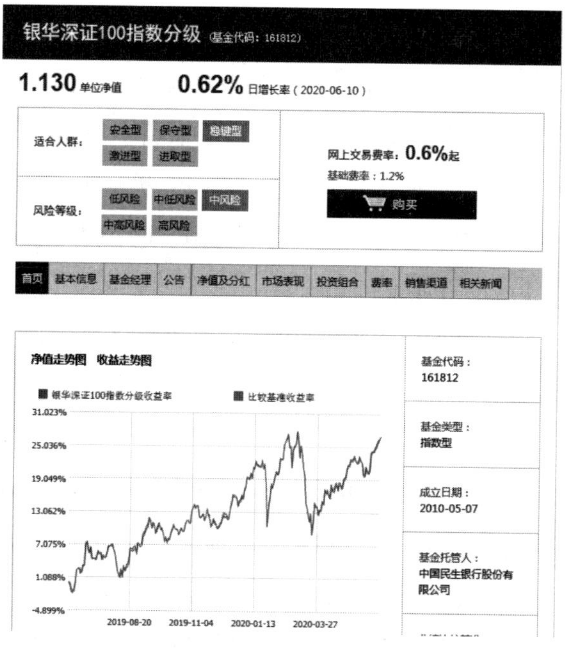

图9—4 银华深证100指数分级基金

（资料来源：银华基金官网）

银华深证100是市场的幸运儿，2010年7月6日起，A股走出了一波反弹，银华锐进凭借杠杆优势，成为沪深两市的反弹急先锋。以7月29日盘中高点计算，银华锐进在18个交易日的涨幅高达62.52%。不仅涨幅位居所有基金产品之首，放眼整个A股市场，银华锐进的涨幅也远远领先于绝大部分股票。在巨大的赚钱效应下，银华锐进成为了媒体和投资者的宠儿，分级基金也正式步入了投资者的视野。

从陌生到广受追捧，18天内银华锐进的交易额从668.6万元井喷至7 636万元。持续的双溢价提供了巨大的套利空间，吸引了大量资金入市。

到了2010年末，银华锐进的最高日交易额已经达到了4.27亿元，相对上市初期最低的193.6万元的日交易额，增长了近220倍；规模也已由最初的2.27亿份激增至15.31亿份。

银华深证100分级基金大受欢迎，在分级基金领域，银华基金逐渐取代了长盛基金的霸主地位。

2011年，银华深证100在深圳市人民政府金融发展服务办公室（简称深圳金融办）举办的“金融创新奖”的评选中，获得优秀奖。

2011年，银华基金乘胜追击，继续加大对分级基金的布局，相继发行银华中证90、银华消费主体分级、银华内地资源主题指数分级，进一步确立了公司在分级基金领域的行业地位和影响。

2012年初，监管层在银华深证100分级基金相关条款的基础上，颁布了《分级基金产品审核指引》，自此“银华深证100模式”成为后续国内分级产品的模板。

幸运儿银华基金也一度受到挑战。自2011年3月31日到2012年8月31日，上证综指从2 928点跌到2 047点，跌幅达30%。

2012年7月10日，银华基金的一份风险提示公告引起了市场和媒体的关注。公告称，截至7月9日，银华中证等权重90基金的B份额银华鑫利的净值为0.378元，接近基金合同规定的不定期折算阈值0.250元，故请投资者注意可能出现不定期份额折算带来的风险。

这是中国基金行业第一份针对分级基金不定期折算的风险提示公告。公告见报后，市场继续下跌，银华基金其后又连续发布了9份不定期折算提示公告。

不定期折算也就是上文提到的“下折”。折算方式通常是：当分级B净值下跌至一定阀值时（绝大部分为0.25元），将分级B的净值归1元，份额相应缩减，分级A份额与分级B份额比例保持不变，净值归1元，剩余部分分级A折算成母基金。母基金净值归1元，份额相应缩减。

如同被设定的剧本一般，2012年8月30日收盘后，银华鑫利的当日份额净值恰巧为0.250元。该基金合同规定“当银华中证等权重90指数分级证券投资基金之子份额银华鑫利份额的基金份额净值达到0.250元后，本基金将进行不定期份额折算”。银华基金几经讨论，得出结论：净值为0.250恰恰属于“达到”定义，需按基金合同的约定向下折算。

当晚，银华基金在与监管机构、深圳证券交易所、外部法律顾问进行了充分沟通与交流之后，连夜确定进入该基金的向下折算流程。

表9-1　分级基金向下不定期折算流程

T 日触发下折阈值	8 月 30 日银华鑫利净值为 0.25 元
	投资者甲当日已收盘价 0.2990 元，持有 1 万份银华鑫利，资产为 2 990 元
	投资者乙当日以收盘价 0.9800 元，持有 1 万份银华鑫利，资产为 9 800 元
T+ 1 为折算基准日	暂停母基金甲购赎回，分级 A、B 正常交易
	以该日收盘净值为基准折算，净值为 1 元，分级 B 收盘净值为 0.243 元，分级 A 收盘净值为 1.0460 元
	投资者甲持有高铁 B 份额缩减为 2 430 份，净值为 1 元，资产为 2 430 元，亏损达 18.73%
	投资者乙持有 2430 份银华金利和 8030 份母基金，净值均为 1 元，资产为 10 370 元，盈利达 5.82%
T+2 日停牌	暂停母基金申购赎回，分级 A、B 停牌一天
	银华鑫利收盘净值为 1.0170 元，投资者甲持有的 2 430 份银华鑫利，资产为 2 471 元
	银华金利和母基金收盘净值分别为 1.001 元和 1.009 元，投资者乙资产为 10 534 元
T+3 日复牌	母基金开放申购赎回
	分级 A、B 恢复交易
	银华鑫利收盘价为 1.009 元，投资者甲资产为 2 452 元，当日可出场，亏损为 17.99%
	银华金利收盘价为 0.9010 元，但当日跌停，可于 T +4 以 0.8740 元出场，母基金收盘净值为 1 元，当日可出场，投资者资金出场后资产为 10154 元，盈利为 3.61%

注：以银华中证等权重90为例，T日为2012年8月30日。

数据来源：Wind资讯。

银华中证等权重90分级指数基金折算前规模约为104亿元，折算后首日出现了27亿元巨额赎回，规模缩水至77亿元。由于银华基金内部已提前要求投资部门作好流动性预案且投资部门已作了充分的准备，银华基金顺利应对了该次巨额赎回，极大缓解了此前投资者的普遍担心，赎回量在随后的交易日内趋于理性和稳定。同时，银华基金的客户服务部门亦将与合规部门提前确定好的书面问答，通过刊登在公司官网、主动拨打电话外呼客户、发送短信提醒客户等多种方式做好下折阶段的投资者服务工作。公司办公室在第一时间组织媒体说明会，向全国媒体详细介绍下折机制的原理和流程，并在平面和网络媒体上广泛传播。该基金在下折后第一周内规模缩水至70亿元、一个月内缩水至50亿元，后基本趋于稳定。无论是监管机构，还是深圳证券交易所，都对银华中证等权重90分级指数基金下折的处理过程表示满意，投资者也未有大规模不满或投诉、诉讼事件，整个下折平稳落地。

虽然银华基金是业内第一家基金下折的公司，但是银华中证等权重90基金的下折顺利过渡，为整个公募基金行业积累了宝贵的经验。

2013年，第一只转债分级、第一只地产分级、第一只医药分级也相继成立。基金公司创新的步伐越来越大，中欧基金还推出第一只多空分级基金。

三、极致疯狂

2014年是分级基金快速扩张的一年，23只分级基金成立，共募集资金166.21亿元。当年第四季度，上证指数上涨36.84%。

牛市来临，最先闻鸡起舞的是证券行业。申万菱信中证申万证券的证券B大放异彩，仅仅一个季度，母基金的业绩比较基准上涨128.13%，证券B的净值大涨275.91%，其在二级市场价格大涨345.16%。分级基金的魅力展露无遗，证券B大受追捧，规模高达277.65亿元。

得益于分级基金的跑马圈地，申万菱信基金的资产管理规模曾经由2013年末的83.55亿元增至2014年末的437.23亿元，成为2014年规模增幅最大的公司，规模排名也上升16位至27名。

包括证券B在内，2014年牛市初期的行情一共催生了3只百亿元分级基金B份额，富国基金的军工B为163.20亿元、国泰基金的医药B为100.30亿元，再加上规模一直稳居百亿元的银华锐进，市场上共有4只分级基金B份额规模过百亿元。

分级基金自此发轫，成为基民和股民热衷的交易品种，紧接着我们迎来了2015年上半年的牛市，也看到了杠杆助推之下牛市之巅的样子。2015年，一共新增70只分级基金，这70只分级基金首发规模为785亿元。

二级市场的繁荣更是让人瞠目结舌。数据统计显示，2014年6月底，牛市启动前夕，上市交易的分级B为48只，合计场内份额为222.80亿份，其中银华锐进为117亿份，占据大半以上，另外规模超过10亿份的有深成指B和中证100B。

截至2015年6月底，38家基金公司旗下103只分级B 场内份额为1 614亿份。全市场股票型分级基金规模高达4 725亿元，平均单只分级基金规模达到40.38亿元。其中，富国基金、鹏华基金和申万菱信基金合计管理分级基金净值规模达2 945亿元，占据了全部分级基金市场规模的62%。

截至2015年6月底，富国基金旗下10只股票分级基金合计净值规模达到1 495亿元，成为分级基金市场的龙头，市场占有率高达31.64%，仅富国改革分级与富国军工分级两只基金的规模便超过千亿元。鹏华基金和申万菱信基金旗下的分级基金净值规模亦分别高达736亿元与713亿元。

富国基金量化投资部总经理王保合曾撰文分析，分级基金产品规模持续增长的动力主要来自以下几点。

首先，分级基金产品满足了多类投资者的需求。分级基金对收益进行了分级，分A类份额和B类份额。A类份额主要是类固定收益，它满足低风险投资者的需求；B类份额是杠杆型工具，它满足风险相对中等偏高的投资者需求。母基金是普通的指数型基金，它满足普通投资者的投资需求。在A类、B类投资过程中，还存在着套利的机会，又满足了套利投资者的需求。一个产品能满足多类投资者的需求，自然投资它的客户也会增加。

其次，分级基金产品提供了一个便利的杠杆工具。市场上B类投资者可以直接投资B类份额来获取杠杆工具。虽然市场上有一些杠杆工具，比如股指期货，并且可以做到杠杆率比分级基金杠杆率还要高，但依然有大量投资者选择分级基金。

投资者的选择是有道理的，分级基金备受市场欢迎，王保合认为原因如下：一是门槛低，1 000元钱就可以投分级B，但是不可以投资股指期货。沪深300一张合约的面值（按4 800点）大约在140万元到160万元，保证金就要缴14万元左右，把中小投资者挡在了门外。

二是股指期货标的是中证500、沪深300这样的宽基指数，没有任何行业和主题方面的特色。但是，分级基金的标的划分行业主题，能够为投资者提供一个更灵活的投资标的。

三是投资分级基金可以简化投资者的投资逻辑。普通人投资的时候，要经过两步，先发掘市场热点、行业、主题，然后在行业和主题里面寻找龙头股，但如果选择分级基金投资，就完全不用挑选个股了。

四是A类固定收益类份额也能享受牛市带来的盛宴。比如，2014年12月市场很火爆的时候，B类份额溢价非常高，出现了很多套利盘，抛盘打压A类的价格，导致了A类当时隐含的收益率达到了7.5%左右的水平。出现这种现象可以理解为B类份额愿意给A类份额分享牛市带来的盛宴。

四、雪崩时，没有一片雪花是无辜的

或许正如古罗马历史学家李维所言，人不会同时获得财富和明智。

无论股民，还是基金购买者，均被李维言中。

2015年6月12日，牛市戛然而止。2015年6月12日至2015年7月6日，短短15个交易日，大盘下跌26.91%。

赚钱效应的诱惑之下，大家只看到了分级B份额的杠杆，但忽略了高杠杆背后的高风险。分级基金本身机制相对复杂，多数投资者对分级基金特殊的制度安排并不熟悉，甚至不少人在基金公司已经公布下折公告时继续买入B份额。也有年逾八旬老人买入几十万元的分级B，下折后才幡然醒悟——买的不是股票，而是分级基金。也有投资者在7月9日下折基准日通过二级市场买入了有色B，买入的50万元在下折后一天内损失超过30%。

投资分级B展露出其凶险的一面。自2015年 6 月中旬开始的暴跌，重挫了作为杠杆产品的分级基金，6月29日至 8月28日短短2月期间，累计发生近 50 次下折，8月 28 日分级基金规模为 1 465.3 亿元，较最高点大幅下降近七成。

亏了钱的投资者，联合起来去基金公司、证券交易所、证监会等地维权。也有人选择向法院提出诉讼，起诉基金公司及证券公司营业部。

据《财新》报道，一位21年股龄的股民对基金公司和券商提起诉讼。2015年7月6日，老股民通过两融账户分两笔共计购买分级基金105.6万股，总金额约67万元，这其中包括融资交易中欠证券公司，但尚未到最终还款日的33万余元。2015年7月10日，互联网B不定期向下折算，其账户内仅存20.90万股，7月13日将其全部卖出，共亏损约42万元。

为了避免此类事件的发生，交易所及相关软件方在后期作出了调整。分级B于下折折算当日在分级基金简称前冠以“*”标志。交易所方面于8月25日修改了规定，在上午停牌一小时的情况下，又增加下午一小时的停牌时间，给予投资者更多冷静思考的时间。

7月31日，证监会新闻发言人表示，2013 年以来，多家基金公司上报了多空分级、杠杆反向基金的注册申请，证监会按照规定予以审查，审查过程中发现多空分级、杠杆反向基金结构复杂，对此，证监会督促相关基金公司完善技术性准备、投资者适当性管理等工作。近期相关基金公司和交易所沟通，发现有关技术准备、投资者适当性管理等工作还未完成，有多家公司主动申请撤回申请，证监会按照规定终止审查。

8月21日，证监会新闻发言人表示，考虑到分级基金机制较为复杂，普通投资者不易理解，且前期出现了一些新情况、新问题，为此，证监会暂缓此类产品的注册工作，并正在研究有关政策。自此，分级基金的审批叫停。

分级基金的下折威力让投资者闻风丧胆。据统计，2016年8月12日，上市交易的分级B达到129只，合计场内份额为701亿份，为2015年高点时的一半不到，全市场已无过百亿元的分级B份额。

2016年“资产荒”期间，具备固定收益属性的分级A份额受到机构投资者的追捧，分级B集体更是大幅折价。

2016年11月25日，上交所、深交所发布了《分级基金业务管理指引》，提高分级基金的投资门槛至30万元，且投资者需要到开户的证券营业部签署《分级基金投资风险揭示书》。

《分级基金业务管理指引》于2017 年5月1日起实施。市场出现了一个奇葩现象——零成交。新政实施后的首个交易日，成长B、网金B、新丝路B等21只分级的成交额均为零；5月3日，仍有20只分级B全天没有任何成交。

拥有数据统计的130只分级基金，2017年三季度末的规模仅为1 521.21亿元，较2015年中下降67.25%。

纵然分级基金失去了牛市中的光环，但仍旧有不少市场人士对其并不悲观：中小投资者的杠杆投资品种匮乏，只要需求还在，产品便不会消亡。

然而，2017年11月中下旬，中国人民银行会同银监会、证监会、保监会、外汇局等部门联合发布《关于规范金融机构资产管理业务的指导意见（征求意见稿）》，市场俗称“资管新规”，其中明确规定“公募基金产品不得进行份额分级”“分级资产管理产品不得直接或者间接对优先级份额认购者提供保本保收益安排”。这也意味着，公募基金将不得再发行分级基金产品，存量分级基金在运作到期后也将陆续退出。

2018年4月27日，“资管新规”正式落地实施，明确了分级基金在过渡期后将终结。监管层要求，总份额在3亿份以下的分级基金应在2019年6月底之前清理；总份额在3亿份以上的分级基金在2020年末之前完成清理。

目前，一些规模较小且不活跃的分级产品，已经选择被清盘。规模较大的产品，则选择转型成指数基金等其他类别的产品。

对一种基金品种彻底清理在基金行业较为罕见。分级基金走过了10多年风雨之路，基金从业人员一路披荆斩棘，付出了无数的心血和青春，从0到近5 000亿元，而又将归0。直至现在，仍有人心有不甘。他们认为，分级基金一度是散户唯一可以使用的杠杆金融工具，是市场公平的补充，取消分级基金无异于剥夺了中小投资者进行杠杆投资的机会。

也有业内人士反驳：客户还有赌博的需求，那么我们是否也可以设一个赌场？更多的人反思，如果基金公司积极推动并做好了投资者教育工作，那么分级基金的命运是否会被改写呢？

任何一种金融产品的创新都会对现有的金融秩序、金融监管规范和制度造成冲击，新的金融产品打破了旧的金融秩序和格局，也需要新的规则加以规范和约束。我们相信，金融监管遵守的是各个参与主体的“最大公约数”原则，永远保护的是最广泛参与者的利益。

附录：

分级基金发展历程

2007年：第一只分级基金——国投瑞银瑞福分级诞生。

2009年：第二只分级基金——长盛同庆募集146.87亿元。

2010年：银华深100分级成立，分级基金模式趋于成熟。

2012年：《分级基金产品审核指引》规定合并募集的分级基金认购额不低于5万元。

2015年：分级基金暂停审批。

2016年：交易所发布《分级基金业务管理指引》，分级基金投资者门槛为30万元，且需要到营业部临柜面签。

2018年：央行等发布《关于规范金融机构资产管理业务的指导意见》，明确规定公募产品和开放式私募产品不得进行份额分级。

本篇参考文献：

[1]单开佳. 兴业合润分级股票型基金投资价值分析 [R]. 2010.

[2]马普凡. 分级基金的新老篇章 [R]. 2015.

[3]马普凡. 分级这一年，三千亿的杠杆游戏 [R]. 2015.

[4]王群航. 内置杠杆加指数化投资　分级基金应规范中发展 [EB/OL]. （2015-07-27）. https://www.amac.org.cn/researchstatistics/publication/cbwxhsy/201507/t20150727_4579.html.

本篇作者介绍：支玉香，前财经媒体人，曾就职于《每日经济新闻》《21世纪经济报道》。

第十篇 货币基金风云

【编者按】

“在任何一部谋杀悬疑电影中，我们都应对角落里那个无趣阴郁的男人（或女人）给予注意；安静、不引人注目的人物有可能是致命的。”2011年，《金融时报》专栏作家吉莲·邰蒂在题为“不可小觑货币市场基金”的文章中如此开头。

这是对货币市场基金最好的描述。

在这篇里，作者王艳伟向我们讲述了货币基金规模快速发展的故事，盘点了几次重点危机事件。同时，对货币基金结合互联网产生的爆发式增长和国外货币基金市场进行了分析。

在过去十几年里，货币市场基金这个本应风险最低的基金品种，却因基金经理们冒险博取高收益而屡次曝出重大风险事件，导致多家基金公司不得不拿出数亿元的巨额资金弥补投资者损失，更直接推动监管层对货币市场基金的监管一再收紧——监管限制从早期的投资范围、投资比例、组合久期等，延伸至持有人结构、公开宣传等。

多位业内人士都认为，在如今的监管框架下，基金经理们的风险操作空间已经很小了，但是，货币基金回归本源依然任重道远，只要投资者依然不理性地追求高收益，基金经理们就仍有可能铤而走险，想尽办法满足其需求。至于监管，再引用吉莲·邰蒂的一句话：“我们最好像老鹰一样盯着那些货币市场基金。”

一、从零到8万亿元

货币市场基金是利率市场化的产物。从利率管制到利率市场化的过渡过程中，利率歧视和套利机会自然产生，成为货币基金孕育的土壤。从1996年开始，我国相继实现了银行间同业拆借、银行间债券回购、政策性金融债、国债利率的市场化，但个人和企业存款利率长期以来并未实现市场化定价，第一批货币基金便在此背景下诞生，让普通老百姓的小额资金也能流入货币市场，分享货币市场较高的收益率。

专栏10-1

货币市场基金是指仅投资于货币市场工具，每个交易日可办理基金份额申购、赎回的基金。

其可投资范围包括：（一）现金；（二）期限在 1 年以内（含 1 年）的银行存款、债券回购、 中央银行票据、同业存单；（三）剩余期限在 397 天以内（含 397 天）的债券、非金融企业债务融资工具、资产支持证券；（四）中国证监会、中国人民银行认可的其他具有良好流动性的货币市场工具。

——《货币市场基金监督管理办法》

不过，当时这个基金市场的全新品种，还只能称为“准货币市场基金”，基金名称中也没有“货币市场”的字眼。

2003年12月，华安基金发行了中国公募基金史上第一只准货币市场基金——华安现金富利。第一炮打得很响，华安现金富利创下了两周募集42.54亿元、认购12万户的记录。

华安现金富利发行背后的故事亦被业内津津乐道。据称，当初华安基金作了两手准备，在向证监会考察小组汇报货币基金准备情况的同时，公司另一组产品设计人员在进行债券基金产品的设计，并已上报证监会。最终，时任总经理的韩方河作出了重要的战略性选择：放弃发行债券基金，全力支持货币市场基金的设立，将货币市场基金的推出纳入华安基金战略体系中。

一年半后，华安现金富利规模就跃升至500亿元并成为全市场最大的开放式基金，这证明韩方河的战略是正确的。后来还有媒体报道了一个细节：华安现金富利发行结束后，华安基金特意向中国工商银行赠送了一块写有“中国首只货币市场基金合作成功”的牌匾，让中国工商银行分享创造中国货币市场基金历史的荣誉。这个有形的历史见证，建立了华安基金与中国工商银行的良好合作关系。

但是，当时的公募基金业内也鲜有专业的债券投研人员，即使是华安现金富利的首任基金经理项廷锋，也非科班出身。因为早年公募基金以权益类产品居多，偶尔有闲置资金时才会稍微投资一点债券。但随着市场情况变化，部分意欲布局债券业务的基金公司开始在全市场寻找专业的债券交易员——可找的地方很多，比如银行、保险公司、券商。

在商业银行里，南京银行是个异数，其以债券业务为特色，是首批银行间市场的债券交易者。2002年，南京银行债券现货买卖交易量位居市场首位，成交量甚至超过工农中建四大国有银行的总和。南京银行还在城商行中率先成立资金业务的独立专营机构——资金营运中心，当时的负责人也即后来的南京银行行长束行农（2019年5月公告离职）。因此，南京银行培养了很多债券人才，堪称债券界的黄埔军校。

2002年到2003年，张勇（现任长城基金总经理助理兼固收总监）便在南京银行资金营运中心任债券交易员。在华安现金富利发行的同时，张勇被博时基金挖走，成为基金业第一批专业的债券投研人员。后来，张勇管理博时现金收益，并且一管就是12年。此后，从南京银行被基金公司挖走的债券人才还包括管理诺安货币的张乐赛（现任鑫元基金总经理）、管理大成货币的王立（现任大成基金固定收益总部总监）、管理海富通货币的张丽洁（现任鑫沅资产总经理）等。

券商系债券人才的早期代表是刘情剑。同样是在2003年，刘情剑从国泰君安证券公司转投南方基金，后来管理南方基金旗下首只货币基金——南方现金增利。

保险公司亦有大量债券人才被输送到基金公司。如曾在平安保险作债券投资的杨爱斌（现任鹏扬基金总经理），就在2005年被华夏基金总经理范勇宏看中，转行到公募基金行业。在此后7年的时间里，杨爱斌成功将华夏基金打造成固收业务的领头羊，并与范勇宏建立了高度的相互信任。2016年，杨爱斌创办鹏扬基金后，用了两年的时间请范勇宏出山，担任公司董事长，这是后话。

在华安现金富利成立后的半年时间里，招商基金、博时基金、泰信基金、南方基金、长信基金、华夏基金等公司，都先后发行了准货币市场基金。但当时证监会尚未给货币基金定性，更未对其投资范围作出详细限定，首批准货币市场基金的投资范围、收益计提方式也各不相同。

例如，基金投资组合的平均剩余期限，博时现金收益约定为120天，泰信天天收益和南方现金增利为180天，而在实际投资操作中，个别基金的投资组合平均剩余期限曾达到200天左右，甚至接近290天。放到现在来看，这是不可思议的。此外，在收益分配方面，南方现金增利和华安现金富利为“每日分配、按月支付”，博时现金收益则为“每日分配、每日支付”。这些细微的差别，投资者一般不会关注，但却会影响基金的实际收益率。

监管真空期很快便结束了。2004年8月，《货币市场基金管理暂行规定》给货币市场基金“正名”，规定了货币市场基金投资组合的平均剩余期限不得超过180天，并将风险相对高的可转换债券、信用等级在AAA以下的企业债等规定为“货币市场基金不得投资的金融工具”，以更好地控制其投资风险。

2004年11月，诺安货币市场基金成立，国内出现首只以“货币市场基金”命名的基金。

无论如何，首批准货币市场基金的收益并未让市场失望，当时一年定期存款利率仅2.25%，而一些货币基金的年化收益率达到3%。据媒体报道，不少银行储户以几万元甚至几十万元来申购货币基金，“储蓄搬家”成风，大量沉淀在银行的资金如潮水般涌入货币基金。货币基金总规模从2003年末的43亿元迅速上涨，到2005年6月末，已经突破1 800亿元，在全部基金规模中的占比也达到惊人的42%，华安现金富利和南方现金增利的规模都达380亿元。

就这样，货币基金在股票市场低迷等因素的影响下迅速膨胀。因为其申购、赎回不需手续费，因此，基金公司在年中、年末等重要的规模考核时点，都将货币基金作为冲规模利器，以高营销费率吸引机构资金，造成货币基金的“虚胖”。截至2012年末，全市场货币基金数量已达95只，总规模突破7 000亿元。

2013年，余额宝横空出世，更让货币基金深入民间，并在业内掀起互联网基金的热潮。2018年上半年末，余额宝规模达到1.45万亿元，用户超过5.5亿，被称为“国民货基”。全市场货币基金规模则达到8.4万亿元，成为近几年的一个峰值。

表10-1　货币市场基金发展情况

时间	总数（种）	截止日资产净值(亿元)	在全部基金资产净值中占比（%）
2003 年下半年	2	42.54	2.48
2004 年上半年	8	287.37	9.94
2004 年下半年	10	645.1	19.8
2005 年上半年	24	1 802.98	42.3
2005 年下半年	26	1 867.90	39.82
2006 年上半年	35	1 242.71	24.3
2006 年下半年	40	794.88	9.28
2007 年上半年	40	640.46	3.56
2007 年下半年	40	1 110.46	3.39
2008 年上半年	40	1 120.93	5.37
2008 年下半年	40	3 891.74	20.07
2009 年上半年	42	1 628.70	7.07

续表

时间	总数（种）	截止日资产净值（亿元）	在全部基金资产净值中占比（%）
2009 年下半年	43	2 595.27	9.72
2010 年上半年	44	973.97	4.66
2010 年下半年	46	1 532.77	6.14
2011 年上半年	49	1 181.32	5.07
2011 年下半年	51	2 948.95	13.6
2012 年上半年	58	4 019.17	16.62
2012 年下半年	95	7 075.41	25.29
2013 年上半年	124	3.607.96	14.71
2013 年下半年	148	8 802.29	30.04
2014 年上半年	186	16 807.46	47.33
2014 年下半年	230	21 873.84	49.13
2015 年上半年	240	24.773.35	35.1
2015 年下半年	262	45 761.33	54.82
2016 年上半年	275	43.663.14	55.22
2016 年下半年	327	44 686.86	49.07
2017 年上半年	372	53 216.95	53.17
2017 年下半年	395	71 315.28	61.74
2018 年上半年	393	84 364.84	66.55
2018 年下半年	383	81 628.70	63.15
2019 年上半年	379	77 064.79	58.02
2019 年下半年	374	74 105.61	50.54

数据来源：Wind资讯。

二、货币基金的数次危机

2003年，货币基金刚推出，便受到市场欢迎，在其快速发展的同时，风险也在暗暗积聚。为了实现“规模增加—收益上升—更多申购”的良性循环，基金公司大都会想办法做高货币基金的收益，货币基金独有的“摊余成本法”和“影子定价”估值法，也为此留下了空间。通行的做法是，利用持有的债券做正回购融资，放大资产规模，进行跨期限、跨品种的套利操作，

"代持养券"也成为行业潜规则，有个别基金的负债比例甚至超过50%。

除此以外，货币市场基金对浮息债的大笔投资，更为日后的危机埋下祸根。

专栏10-2

浮息债，顾名思义，指息票利率参考指定基准在指定日随基准利率浮动。浮息债的收益率分为两部分：基准利率+固定利差。目前浮息债的基准利率主要有定期存款利率、SHIBOR、7天回购利率、贷款利率等。

《货币市场基金管理暂行规定》规定，货币市场基金可以投资以市场利率为基准利率的可变利率或浮动利率债券，同时，利率调整频率小于一年的债券的剩余期限，等于计算日距下一个利率调整日的剩余时间。

最早被货币市场基金纳入投资的浮息债是国开行第17期金融债，其以银行间市场7天回购加权利率为基准，每季度调整一次利率，期限为三年。根据上述规定，货币市场基金可以买入第17期金融债，并按照3个月来确认久期，相当于将3年长期债当做3个月短期债来计价，这就有了做高收益的空间。

由于债券交易价格是由交易双方自行商定，并不透明，因此货币市场基金可以和其他机构合作，频繁买卖浮息债，每次都把交易价格提高一点，用来实现收益。这样的操作在当时极为普遍，货币市场基金每天公布的万份收益也有明显规律，每周都有一天的收益特别高，七日年化收益率就总能维持在比较高的水平。

在债券牛市里，这样的操作虽无风险，但依然引起了业界的极大争议。证监会甚至在2004年11月专门就货币市场基金的投资进行了一轮调研，并在2005年3月底正式发布《关于货币市场基金投资等相关问题的通知》和《货币市场基金信息披露特别规定》，对货币市场基金的投资范围、组合平均剩余期限、正回购比例、会计核算、估值方法等都作了详尽规定，并首次针对“影子定价”确定的基金资产净值与“摊余成本法”计算的基金资产净值的偏离度作出要求——偏离度绝对值达到0.5%，基金管理人应编制并披露临时报告；达到0.25%，就必须调整组合。

这条规定给持有大量浮息债的货币市场基金带来极大影响，因为债券价格并非只涨不跌，很快，债市转熊，浮息债价格大幅下挫，货币市场基金的偏离度迅速超过0.25%的红线。基金公司只有两个选择：要么按照市场价格卖出浮息债，让投资者承担亏损；要么自行垫付资金，主动弥补损失。

毫无疑问，无论是从投资者利益出发，还是从公司声誉考虑，基金公司都应选择后者。事实上，2005年4月27日，有一只货币基金的万份收益为-0.2804元，直接让投资者承担亏损，就在市场上引起轩然大波，其他基金公司不敢如此操作，最终都动用自有资金填补缺口，赔偿总额达数亿元。

2005年5月，时任证监会基金监管部主任孙杰就货币基金的投资明确提出“12个不准”，要求各基金公司及托管行对照自查。

这是国内货币基金发展过程中得到的第一次风险教育，第一代货币基金经理们也从中真正学会了控制风险。

2005年，证监会启动股权分置改革，A股终于迎来了久违的大牛市，而货币基金竟然受到了意料之外的冲击。

根据证监会于2005年底出台的《关于货币市场基金投资银行存款有关问题的通知》，货币市场基金可以投资于一年以内的定期存款，但投资比例不得超过基金资产净值的30%。定期存款的利息需要等存款到期后才能收回，但根据货币基金的成本和收益计算规则，这部分应收利息被折现后摊到每天，提前支付给了投资者。为了获取尽可能高的收益，许多货币基金对定期存款都是顶格投资。在基金规模稳定增长时，这样的投资策略确实奏效，但定期存款毕竟流动性较差，而且也不能用于质押融资，风险就此暗藏。

2006年6月，股票市场出现持续大幅上涨，上证综指从6月初的1 700点上涨到年末的2 700点，涨幅近60%，巨大的财富效应吸引了大量投资者赎回货币基金转投股市；同时IPO时隔一年再度重启，6月到12月总融资规模达1 600亿元，市场资金面十分紧张。货币基金随即遭遇流动性危机，唯一的办法就是提前支取定期存款。

根据银行的规定，提前支取定期存款只能以活期利率计算利息，而货币基金已经提前按照定期利率将对应的利息支付给了投资者，如果照实计算收益，则货币基金必然亏损。这一次，又有几家基金公司的货币基金“爆仓”，公司或公司股东自担亏损，将定活利息间的差额补给投资者，赔偿总额又是数亿元，部分公司的固定收益基金经理降职或离职。

这也是货币基金历史上首次遭遇赎回潮，数据显示，在这次赎回潮中，货币基金总规模从2005年末的1 868亿元骤降至2006年末的795亿元，降幅超过57%，在全部基金中的规模占比则从40%降至9%。

经历过这次危机，基金公司与银行之间重新制定了游戏规则，部分银行向货币市场基金提供专门的协议存款产品，如果基金确实因为流动性原因而提前支取存款，银行也仍按约定的定存利率计息，也就是说，利息损失由银行自己承担。这一规则也得到了监管层的默许。

在此之后，货币基金还遭遇过三次赎回潮，分别发生在2009年、2013年和2016年。

2009年赎回潮的诱因与2006年类似，同样是股市升温和IPO重启，叠加货币基金收益率急剧下降，导致大范围的投机性赎回。2008年末，货币基金规模尚有3 892亿元，仅仅半年后，这一数字便锐减至1 629亿元，降幅超58%。不过，这次赎回潮并未像上次那样导致大型危机。

相较而言，2013年的形势更为严峻。2013年，货币市场遭遇了史上最紧张的“钱荒”，货币基金则重演历史，与第一次浮息债风险事件类似的危机再次降临，这次是因为Shibor浮息债。

Shibor浮息债是以Shibor（上海银行间同业拆放利率）作为基准利率的浮息金融债。Shibor浮息债每季度付息一次，因此，货币基金将手中持有的Shibor浮息债视为滚动持有剩余期限为3个月的短债，只要其当期收益高于其他可比品种，同时未来票息收入具有较大的潜在上升空间，那么Shibor浮息债就具有较好的短债替代价值。

然而，2013年6月，银行间隔夜拆借利率一度超过13%，Shibor浮息债价格亦大幅下跌，货币基金的组合偏离度迅速穿破0.5%红线，与此同时，缺钱的机构大幅赎回货币基金以补充自己的流动性，更让货币基金雪上加霜。因为整个市场资金面极度紧张，货币基金提前支取协议存款的要求都被银行拒绝。基金公司被迫大量低价卖出债券，账面亏损被兑现。

数据显示，仅2013年上半年，货币基金规模就减少了3 467亿元，降幅49%。与前两次危机时相同，又有几家基金公司自掏腰包弥补投资者亏损。不过，曾经吃过亏的基金经理们这次则轻松躲过。据一位基金经理回忆，时任证监会主席助理的张育军为此专门召集所有货币基金经理开会，被点名批评的基金经理都是资历相对较浅的，老基金经理如张勇、杜海涛等都是风控到位的正面典型。

最近的一次赎回潮发生在2016年。此时的货币基金持有人结构已经和从前大不相同。在资产荒的大背景下，部分投资管理能力较弱的城商行将理财资金委托给基金公司来投资，这些委外资金大都流向债券基金和货币基金。一时间，除了天弘余额宝外，市场上绝大多数货币基金均在大量吸纳机构资金，甚至不惜自己垫付资金实现“T+0”赎回提现，部分基金垫付资金高达5 000万元。而在拿到银行委外资金后，货币基金又将其中一部分用于投资银行的同业存单，个别基金这一投资比例甚至超过70%。

2016年末，市场利率明显上行，且正逢年末资金面极度紧张，在国海证券债券违约事件发酵、美联储加息超预期等因素叠加下，恐慌情绪蔓延，银行、保险等金融机构纷纷大量赎回货币基金以应对流动性危机，个别货币基金的B类份额甚至被机构全部赎空。这一次，又有基金公司“爆仓”。

回望货币基金这十几年的发展，其所经历的每一次风险事件都是惊心动魄，给基金公司带来的后果也比其他基金品种更为严重。在如今的监管框架下，货币基金的风险操作空间已经不大。但随着金融市场的发展变化，下一次套利机会到来时，货币基金经理有可能仍然无法抵御诱惑，监管也绝对不能有丝毫松懈。

三、站在互联网的风口

2013年5月29日，余额宝横空出世。

从本质上讲，余额宝背后对接的天弘余额宝（曾名天弘增利宝）就是一只普通的货币市场基金，但其推出两大创新，一是申购门槛由市场上普遍的1 000元降到1元，二是可直接用于支付。这两大创新，再加上支付宝的庞大用户群，余额宝迅速占领互联网理财市场，成为普惠金融最典型的代表，被普遍认为开创了国人互联网理财元年。

余额宝诞生于市场资金面最紧张之时，其他货币基金都在为应对赎回而焦头烂额，但余额宝由于吸纳的是零散小额资金，且七日年化收益率达到6%，因而很受个人投资者欢迎，规模迅速扩大，几乎是市场上唯一净申购的货币基金，可谓生逢其时。2013年末，余额宝成立仅半年，规模就涨至1 853亿元，在所有货币基金规模中的占比超过21%，已是一枝独大。

在当时的资金面紧张环境下，余额宝的投资也十分简单。2013年末，余额宝有92%的资产都是银行存款。由于其规模很大，与银行谈判时有更大的话语权，很快便进入“规模大—收益高—净申购”的良性发展轨道，半年后，余额宝规模再度扩增到5 742亿元，占比则超过34%。

表10-2　天弘余额宝规模增长

时间	天弘余额宝规模（亿元）	全部货币基金规模（亿元）	占比（%）
2013年上半年	42.44	3 607.96	1.18
2013 年下半年	1 853.42	8 802.29	21.06
2014 年上半年	5 741.60	16 807.46	34.16
2014 年下半年	5 789.36	21 873.84	26.47
2015 年上半年	6 133.81	24 773.35	24.76
2015 年下半年	6 206.90	45 761.33	13. 56

续表

时间	天弘余额宝规模（亿元）	全部货币基金规模（亿元）	占比（%）
2016年上半年	8 163.12	43 663.14	18.70
2016年下半年	8 082.94	44 686.86	18.09
2017年上半年	14 318.05	53 216.95	26.91
2017年下半年	15 798.32	71 315.28	22.15
2018年上半年	14 540.21	84 364.84	17.23
2018年下半年	11 327.07	81 628.70	13.88
2019年上半年	10 335.63	77 064.79	13.41
2019年下半年	10 935.99	74 105.61	14.76

数据来源：Wind资讯。

对于这种几何级数的扩张，整个基金行业都为之疯狂。一时间，各种“宝宝类”产品频出，商业银行、第三方销售机构、互联网公司都纷纷与基金公司合推互联网货币基金。2014年1月，腾讯理财通正式上线，对接华夏基金、汇添富基金、易方达基金和广发基金旗下的货币基金，凭借流量优势，规模也实现了爆发式的增长。

时至今日，余额宝与腾讯理财通仍是两家最大的互联网货币基金销售平台。其他大多数“宝类”产品都发展缓慢，规模很小但仍需高成本维护，一时喧嚣，如今只剩一地鸡毛。

无论如何，货币基金都在近几年得到了快速的发展。2015年末，货币基金总规模达到4.58万亿元，在全部基金规模中的占比首次突破50%；2019年下半年末，货币基金总规模已升至7.41万亿元，在全部基金规模中的占比达50.54%。

所有的互联网基金销售平台，都在向着更方便的方向不断优化，投资者可以直观比较同一个平台上销售的不同货币基金，一键购买收益率最高的产品。这也意味着，货币基金的规模变动将更加频繁，基金经理必须更重视流动性管理，控制投资风险，但收益和风险是相对的，如何平衡二者，更考验基金经理的投资经验。

货币基金规模的膨胀和大量存在的同业套利行为引起了监管警觉，一系列严格的监管政策陆续出台。

2016年2月，《货币市场基金监督管理办法》经历了两年的修订后正式施行，宣告货币基金监管进入了新的阶段。该《办法》完善了货币基金的定义，避免了短期债券基金与货币基金的混淆；明确了货币基金的投资范围；尤其是突出流动性管理，规定了流动性资产的比例要求，使货币基金真正发挥现金管理工具的作用。

2017年10月实施的《公开募集开放式证券投资基金流动性风险管理规定》，第八章为“货币市场基金特别规定”，其中要求，当货币市场基金前10名份额持有人的持有份额合计超过基金总份额的50%时，投资组合的平均剩余期限不得超过60天，平均剩余存续期不得超过120天；同一基金管理人管理的全部货币市场基金投资同一商业银行的银行存款及其发行的同业存单与债券，不得超过该商业银行最近一个季度末净资产的10%；等等。

而在2018年6月实施的《关于进一步规范货币市场基金互联网销售、赎回相关服务的指导意见》中，还规定单个投资者在单个销售渠道持有的单只货币市场基金单个自然日的“T+0赎回提现业务”提现金额不能超过1万元。

此外，为了改变货币基金的“保本”形象，监管层也在推动市值法货币基金的成立。顾名思义，市值法货币基金是指以市值法进行估值的货币基金，按照市场交易价格来计算每日资产净值，也就是说，市值法货币基金的单位净值每天将会随着市场情况发生波动，而不再稳定在1元面值。

2019年8月15日，市场上首只浮动净值型货币基金——嘉实融享浮动净值型发起式货币市场基金正式成立，募集规模2.1亿元，其中嘉实自有资金持有1 000万元。

显然，货币基金的流动性管理是监管重中之重。让货币基金回归现金管理工具本源，也是监管层和基金公司的共同愿望。不过，参考美国的经验，货币基金一旦采用浮动净值计价，就意味着丧失了净值稳定性和“保本性”的优势，对市场的吸引力将大幅下降。

四、美国货币基金简史

货币基金最早产生于美国，在20世纪70年代美国利率市场化改革之前，美联储通过Q条款对储蓄存款和定期存款利率设定上限，导致商业银行无法使用利率手段来吸引储蓄，而且短期国债收益率明显高于存款利率，不断扩大的利差使一些基金经理看到了机会。

1971年，布鲁斯·本特和亨利·布朗成立了美国第一只货币基金——Reserve Fund（储备基金）。他们通过基金向小储户募集资金购买大额存单，然后按日给付红利，变相成为银行活期储蓄的替代品。该基金将收益率与流动性完美结合在一起，一经推出便广受欢迎，仅一个月就吸引到100万美元存款。到1973年末，该基金规模达到近1亿美元。

随后几年，美国货币基金经历了飞速的发展，至1982年资产规模已经达到2 350亿美元，首次超过了股票和债券共同基金。

1982年末，Q条款被修订，货币基金收益率优势消失，规模急剧收缩。之后美国证监会修订了2a-7规则，允许货币基金使用摊余成本法进行净值计算，使其不受市场波动的影响，保持1美元的净值。再加上1987年美国股市大跌，导致大量资金流入货币基金，货币基金再次迎来了快速发展。

2008年次贷危机爆发前，美国货币基金规模达到顶峰，但随后，雷曼兄弟破产引发了货币基金的赎回潮，货币基金迎来了史上第一次重大危机。Reserve Fund因购买了雷曼兄弟的短期证券，每份额跌破1美元，成为有史以来第一只让投资者亏钱的货币基金，规模迅速缩水，最后被迫清盘。此外，全球最大的机构资金管理公司——道富银行（STT.US）因货币基金损失严重而股价重挫，Putnam管理的规模达123亿美元的货币基金也因大规模赎回而被清盘。

2008年9月19日，美国财政部宣布计划动用500亿美元紧急资金池，组建货币基金保险计划；10月，美联储宣布，将以购买商业票据的方式向货币基金提供最多可达5 400亿美元的资金，以促进短期金融市场的流动性，货币基金危机才得以缓解。

为避免2008年事件再次发生，美国证券交易委员会着手制定新规，于2010年迅速出台了Rule 2a-7的增补条例，以应对和防范未来可能的货币基金流动性风险。增补条例着重提高了对货币基金的流动性要求，例如缩短投资组合的平均期限、减少次级证券的投资比例、新增对每日和每周的流动性要求、强调信息披露等，以达到降低长期债券和高风险证券投资比例的目的。

严格的风险控制要求，使得零售投资者和机构投资者对货币基金表现出极大的兴趣，此后，美国货币基金的发展进入平稳期，规模基本稳定在2.9万亿美元左右。

美国货币基金可分为纳税型基金（占比在90%以上）和免税型基金两种，而纳税型基金又包括政府基金（Government Fund）和优先基金（Prime Fund）。

几种基金的投资标的各有侧重。政府基金主要投资的资产是国债、政府机构债和回购协议，优先基金主要投资商业票据、存单、不可转让定期存款和回购协议，免税型基金则专门投资于州政府和地方政府发行的一些可免税的短期证券。

表10-3　美国货币基金分类

分类依据	一级分类	二级分类	特征
投资对象	纳税型货币基金	政府基金	主要投资于短期国债、政府机构债
		优先	对商业票据、大额存单、公司债券投资比重较大
	免税型货币基金	—	投资于市政债券，利息收入免征联邦税

资料来源：美国投资公司协会，美国证券交易委员会，天风证券研究所。

2015年7月，美国证券交易委员会通过了一项货币市场基金新规，新规要求从2016年10月起，面向机构投资者的优先基金采用浮动净值，不再维持每单位1美元的固定价格，以避免出现大规模赎回现象并引发金融市场动荡。此外，新规还允许所有货币市场基金在赎回压力大时征收流动性费用并设置赎回门槛，以降低挤兑风险。

这一变动降低了优先基金的流动性和净值稳定性，使其吸引力大减。2014年以前，美国优先基金占货币基金总量的比重稳定在55%，政府基金占比稳定在35%，但新规落地后，优先基金的存量资金大量转移到政府基金中，截至2018年10月24日，政府基金规模合计2.21万亿美元，占比攀升至76.81%，而优先基金规模则为0.53万亿美元，占比降至18.53%。

表10-4　2018年美国货币市场基金规模变化

日期	合计（百万美元）	免税基金		政府基金		优先基金	
		资产净值（百万美元）	占比（%）	资产净值（百万美元）	占比（%）	资产净值（百万美元）	占比（%）
2018/08/01	2 851 228	131 084	4.60	2 218 574	77.81	501 569	17.59
2018/08/08	2 864 214	129 888	4.53	2 223 231	77.62	511 095	17.84
2018/08/15	2 862 607	129 606	4.53	2 219 173	77.52	513 827	17.95
2018/08/22	2 866 635	129 832	4.53	2 215 489	77.29	521 314	18.19
2018/08/29	2 865 857	130 530	4.55	2 207 713	77.04	527 614	18.41
2018/09/05	2 883 118	131 270	4.55	2 220 287	77.01	531 561	1844
2018/09/12	2 883 416	131 037	4.54	2 218 138	76.93	534 242	18.53
2018/09/19	2 865 530	131 344	4.58	2 195 446	76.62	538 740	18.80
2018/09/26	2 883 456	131 414	4.56	2 215 887	76.85	536 155	18.59
2018/10/03	2 870 789	132 786	4.63	2 205 595	76.83	532 408	18.55
2018/10/10	2 886 888	134 027	4.64	2 216 293	76.77	536 568	18.59
2018/10/17	2 872 014	134 295	4.68	2 202 647	76.69	535 072	18.63
2018/10/24	2 881 717	134 427	4.66	2 213 421	76.81	533 869	18.53

数据来源：美国投资公司协会。

本篇参考文献：

[1] 温天. 产品创新与营销创新　驱动基金飓风期来临 [EB/OL].（2014-05-30）.

https://business.sohu.com/2004/05/30/52/article220315294.shtml.

[2] 孙彬彬，唐笑天. 从中美对比看货币基金未来发展 [R]. 2017.

[3] 姜超，姜珮珊，李波. 货币基金的前世今生与未来 [R]. 2017.

[4] 范勇宏. 基金长青 [M]. 北京：中信出版社，2013.

[5] Value编辑部. 定位成就规模——中国第一只货币基金背后的故事 [EB/OL].（2005-08-12）. http://finance.sina.com.cn/fund/jjpl/20050812/16391883170.shtml.

[6] 金烨，杨磊. 收益倒挂 机构代持成货币市场型基金救命稻草 [EB/OL].（2006-06-26）. http://fund.jrj.com.cn/2006/06/000001533718.shtml.

[7] 解旖媛. 首批浮动净值型货币基金正式获批 [EB/OL].（2019-07-24）. https://funds.hexun.com/2019-07-24/197960503.html.

[8] 吉莲·邰蒂. 不可小觑货币市场基金 [EB/OL].（2011-09-05）. http://fund.jrj.com.cn/2011/09/05214610954449.shtml.

本篇作者介绍：王艳伟，前财经媒体人，曾先后在《第一财经日报》《中国基金报》《证券时报》任财经记者、编辑。